Die einfache
Große Küche
der Brüder
Troisgros

Die einfache Große Küche der Brüder Troisgros

145 Originalrezepte der berühmten französischen Drei-Sterne-Köche

Ullstein

herausgegeben von
Klaus Besser

Inhalt

Vorwort

Jean und Pierre Troisgros gehören, wie man in Frankreich sagt, zur »Bande von Bocuse«, das heißt, sie sind seit ihrer Lehrzeit mit Paul Bocuse befreundet: Zusammen haben sie bei Lucas-Carton in Paris die große klassische und bei dem legendären Fernand Point in Vienne die individuelle, »freie« Küche erlernt.

Aus dieser zunächst kleinen Gruppe entstand dann jener große Freundes-Kreis, der sich zur Gesellschaft der »Nouvelle Cuisine« Frankreichs zusammentat.

Nach dem Lehrbuch der »leichten, großen Küche« von Michel Guérard, dem Avantgardisten der Neuen Küche, ist dies nun das zweite Ullstein-Kochbuch, das moderne und leichte Rezepte der »großen Küche« anbietet. Die Brüder Troisgros fußen auf der klassischen Kochschule, doch haben sie zur Reinheit, Klarheit, Bekömmlichkeit und Einfachheit zurückgefunden. Sie verleugnen gewiß nicht ihre großen Vorgänger Escoffier und Point, doch haben sie deren Ideen weiterentwickelt. Nicht anders ist die Neue Küche der Brüder Troisgros zu verstehen.

Das Restaurant der Troisgros in Roanne ist heute Ziel der kulinarischen Pilgerschaft für die Feinschmecker aus der ganzen Welt. Ihr Haus ist kein Luxusrestaurant, sondern das alte Familienrestaurant mit seiner intimen, sehr persönlich geprägten Atmosphäre geblieben.

Alle, die zu der Gruppe der Neuen Küche Frankreichs gehören, legen Wert auf die Feststellung, daß sie eine im Grunde einfache und ehrliche Kochkunst pflegen. Sie sagen immer wieder, daß das Neue nur darin besteht, zum guten Alten zurückgefunden zu haben. Man hat sich von dem allzu Schweren und Überladenen der großen klassischen Kochkunst getrennt.

Es ist zu begrüßen, daß auch in Deutschland die Kochbücher der großen französischen Köche erscheinen und daß sie nach und nach die Bücher der dilettantischen Rezepte-Sammler ersetzen.

Warum soll man aus zweiter Hand kochen lernen, wenn man es besser und klarer aus erster Hand tun kann?

Allzu viele dilettantische Kochbücher von nebenberuflichen Gastro-Schriftstellern sind auf dem Markt und verwirren die Hausfrauen und Hobbyköche mehr, als daß sie daraus wirklich etwas lernen können. Am besten ist es immer noch, sich an die großen Köche selbst zu halten.

Wenn dieses fundamentale Werk der »Neuen Küche« der Brüder Troisgros auch auf der Basis der klassischen Kochkunst geschrieben wurde, so ist es doch eine »freie Küche«, in der die beiden Brüder ihre eigenen Ideen verwirklichen. Der Vergleich mit der Kunst ist durchaus angebracht: Nur wer eine strenge klassische Ausbildung absolviert hat, wird eine gekonnte »freie Kunst« schaffen können.

Klaus Besser

Die Brüder Troisgros

Beide wurden in Chalon-sur-Saône geboren, wo Vater Jean-Baptiste ein Café betrieb: Jean Troisgros, Jahrgang 1926, Pierre Troisgros, Jahrgang 1928.

Vater Jean-Baptiste stammt aus Burgund. Er wurde mit den wunderbaren Weinen und der guten Küche seiner Heimat groß. Seine Söhne bereitete er schon früh auf das Handwerk des Kochs vor, das er selbst zu seinem großen Kummer nicht erlernt hatte.

1930 übernahm die Familie Troisgros das Platanen-Hotel (das heutige Hôtel Troisgros) am Bahnhofsplatz von Roanne, »damit die Kinder im Hof spielen konnten«. Hier stiegen die durchreisenden Handelsvertreter ab, die sich abends noch, wie das damals üblich war, zum gemeinsamen Essen versammelten. Sie genossen die stets fröhliche Stimmung, die guten Weine von Jean-Baptiste und die ausgezeichnete Küche von Mama Troisgros.

Die beiden Söhne haben die große klassische Küche in Paris bei Lucas-Carton (wo sie ein lustiges Trio mit Paul Bocuse bildeten) und anschließend die »freie Küche« bei dem großen Fernand Point in Vienne erlernt.

Verheiratet, kehrten die beiden 1953 an den Herd des elterlichen Hauses zurück. 1955 erhielten sie den ersten Stern im Michelin, den zweiten 1965 und als höchste Auszeichnung schließlich 1968 den dritten.

Seit dieser Zeit ist ihr Ruf in der ganzen Welt ständig gestiegen.

Jean Troisgros hat einen Sohn, Pierre deren zwei; alle drei Söhne sind Köche.

Die bevorzugten Freizeitbeschäftigungen der Brüder Troisgros sind Sport und Film. Sie spielen Tennis, Fußball und Basketball.

Außerdem lieben sie die moderne Malerei.

Einleitung

Unser Vater, Jean-Baptiste Troisgros, pflegte zu sagen: »Die Küche soll harmonisch widerspiegeln, was uns der Boden schenkt.«

Er war kein Koch, worüber er sich allein damit hinwegtröstete, daß er uns seine Leidenschaft für die Küche einpflanzte, aber er hatte einen sechsten Sinn für die Kochkunst, und wir verdanken ihm viele Ideen, die in den fünfziger Jahren noch revolutionär erschienen.

Er liebte nicht jene Grundsaucen, die man damals noch als Basis selbst in den besten Restaurants verwendete, und er veranlaßte uns, auf die Saucen-Bindungen mit Mehl zu verzichten.

Er liebte nicht die am Tisch vollendeten Gerichte. Der Koch sollte für seine Zubereitungen bis zuletzt verantwortlich sein.

Er liebte nicht das komplizierte Anrichten und Vorlegen. Deshalb werden alle unsere Gerichte auf sehr großen Tellern serviert. Wir waren die ersten, die es so machten.

Er liebte ferner nicht die überlieferten Beilagen: die Dampfkartoffel, die Tomate, die Kresse oder die Croutons, die einen Teller unnütz belasten, im übrigen aber nichts einbringen.

Aber er liebte die guten Produkte . . . wir übrigens auch. Die Schüler von Roanne suchen für uns Schnecken. Die kleinen Gärtner unseres Gebietes liefern uns die besten Gemüse, und den Lachs bringen uns die Fischer von der Allier ins Haus. Die Bretagne schickt uns ihre Hummer, die Bresse ihr Geflügel. Wie jede gute Hausfrau, so gehen auch wir täglich auf den Markt und kaufen ausschließlich, was die Saison hervorbringt. Wir suchen die beste und frischeste Qualität aus.

Wir bezeugen den Wundern des Bodens jenen Respekt, von dem unser Vater sprach. Warum den Geschmack eines guten Fleisches maskieren oder verfremden, warum den feinen Duft eines Fisches oder eines Schalentieres, das frühlingshafte Aroma der jungen Gemüse verbergen oder abtöten? Korrekte und schonende Kochzeiten, feine Saucen, die das Hauptprodukt begleiten sollen, die aber dem Produkt ihren Eigengeschmack belassen müssen – das ist alles, was wir zu tun versuchen.

Indem sie einfacher und leichter wird, nähert sich die Küche des professionellen Kochs der der Hausfrau an. Das zu beweisen, ist der Sinn unserer Rezepte.

Jean und Pierre Troisgros

Lexikon der technischen Begriffe

Ablöschen: Mit einer Flüssigkeit auffüllen, um die karamelisierten Elemente auf dem Boden eines Gefäßes zu lösen.

Angehen: Produkte in Butter oder Öl Farbe annehmen lassen.

Anschwitzen: Produkte (ohne Fett) erhitzen, um ihre Säfte herauszuziehen.

Auslösen: Fischfilets mit Hilfe eines feinen, sehr scharfen Messers ablösen.

Binden: Einem flüssigen Element eine festere Konsistenz geben.

Blanchieren: Ein Produkt in kaltes Wasser legen, es 3–4 Minuten aufkochen lassen und anschließend rasch mit kaltem Wasser abschrecken.

Entfetten: a) Das Fett von einem Sud, einer Sauce oder einer Brühe abschöpfen.
b) Das Fett von einem Stück Fleisch abnehmen.

Entschäumen: Den Schaum von einer Flüssigkeit abnehmen.

Glacieren: Überglänzen – ein Gericht in den Salamander (Grill mit Oberhitze) stellen, um ihm eine schönere Farbe zu verleihen. In der Pâtisserie: mit einer gelösten Zuckerschicht bedecken und sie im Grill karamelisieren lassen.

Klären: a) Von Butter: erhitzen und den Schaum und die Buttermilch aussondern.
b) Von Eiern: Weiß und Gelb trennen.

Kräutersträußchen: Würzkräuter, zu einem Strauß gebunden; im allgemeinen Thymian, Lorbeerblatt und Petersilienzweige. Man kann das Kräutersträußchen auch durch andere Saison-Kräuter, wie Kerbel und Basilikum usw., ergänzen.

Mirepoix: In kleine Würfel geschnittenes Gemüse.

Montieren: Mit Butter: kleine Stücke Butter in eine gekochte Sauce einarbeiten.

Panieren: Ein Produkt in Brotkrümel oder Paniermehl einhüllen.

Reduzieren: Eine Flüssigkeit einkochen (verdampfen lassen), um ihr größere Festigkeit zu verleihen.

Teigboden: Zu einer bestimmten Dicke ausgerollter Teig.

Messer und Küchengeräte

Schälmesser: Zum Schälen, Ausschneiden von Gemüse und ähnlichem, ca. 10 cm lang.

Fleischmesser: Zum Entsehnen, Parieren und Ablösen des Fleisches vom Knochen, ca. 15 cm lang.

Filetiermesser: Zum Ablösen von Fischfilets. Sehr biegsame Klinge, 20 bis 30 cm lang.

Hackmesser: Zum groben Zerkleinern von Knochen und Flachklopfen von Fleisch. Schwer und dick, sehr breit.

Fischschere: Große Schere zum Abschneiden der Flossen und Durchtrennen der Gräten.

Fisch-Spachtel: Leicht biegsame Metallklinge, am Ende rund.

Gemüse-Mühle: Gerät zum Schälen von Gemüse.

Küchen-Gabel: Zum Wenden von Fleisch, zwei grobe Zinken, gerade oder gebogen.

Tournier-Löffel: Halbrunder Löffel, mit dem man Kugeln aus Gemüse und Früchten schneiden kann.

Bridier-Nadel: Große Nadel von 15 bis 25 cm Länge, mit der man Geflügel, Wild oder Fische zusammenbinden oder vernähen kann.

Schaumlöffel – Schneebesen – Holzspachtel – Mixer – Sieb – Passier-Tuch – Kelle.

In den Rezepten verwendete Töpfe und Hilfsgeräte

Kasserolle: Verzinkter Kupfertopf oder Topf aus nicht oxydierendem Material mit doppeltem Boden. Stets mit Dekkel. Dient zum Kochen und Einweichen.

Spitzsieb (Chinois): Trichterförmiges Sieb aus sehr feinem Metallnetz. Zum Passieren von Fonds, Saucen und Brühen.

Kokotte (Topf): Aus schwarzem oder emailliertem Gußeisen, rund oder oval. Dient zum Dünsten, Schmoren und sogar zum Braten und Rösten.

Bratenplatte: Sehr niedriger Rand; rechteckig oder oval. Dient zum Braten im Ofen.

Pfanne: Aus Eisen, rund und dick. Für gebratene Fische müssen solche Pfannen, je nach Größe des Produktes, länglich sein. Für Crêpes gibt es Kupfer-Pfannen mit sehr niedrigem Rand.

Mandoline: Apparat mit regulierbarer Messer-Klinge zum Feinschneiden von Gemüse, Kartoffeln usw.

Küchenbrett: Früher aus Holz, heute auch aus Kunststoff.

Küchensieb: Horizontal gespanntes feines Metallnetz auf einem Gestell. Dient zum Passieren und Herstellen von Pürees und Farcen.

Erstes Kapitel
Die Basis-Rezepte

Die Fonds

Fonds, wie sie die Hausfrau herstellen kann

Trotz aller Abneigung gegen die Fonds spielen sie in der französischen Küche eine entscheidende Rolle bei der Zubereitung von Saucen.*

Wir geben hier Rezepte für braune und weiße Fonds sowie für den Fischsud, indem wir die allzu komplizierten Formeln vermeiden, deren Ausführung einer Hausfrau nicht zuzumuten wäre.

Dabei benutzen wir so gut wie gar keine Mehlschwitzen, sondern arbeiten vor allem mit der Reduktion (Einkochen) und dem Montieren von Butter.

Früher war es üblich, die Fonds am Vortage oder am gleichen Tage zuzubereiten. Dank der Gefriertechnik genügt es heute, sie ein- oder zweimal im Monat entsprechend dem Bedarf anzufertigen.

Man kann die Fonds in kleinen Behältern wie z. B. Joghurtbehältern oder Plastikgefäßen, wie man sie im Handel findet, in den Tiefkühler stellen, doch muß man sie so dicht wie möglich mit einem Deckel abschließen.

Es empfiehlt sich, das auf diese Art konservierte Produkt zu bezeichnen und das Datum der Einfrierung zu vermerken.

Unsere Rezepte geben kleine Portionen an; aber Sie können die Menge beliebig multiplizieren, um sich einen mehr oder weniger großen Vorrat anzulegen.

Viele Hausfrauen lassen sich durch den Begriff »Fond« abschrecken. Man kann jedoch als Fond bereits die Bouillon eines Gemüse- oder Fleischeintopfes benutzen oder das Kochwasser eines gekochten Geflügels.

Als letzte und äußerste Möglichkeit kann man handelsüblichen Fleischextrakt oder Würzbrühen vom Fisch verwenden, die man mit Aroma-Zutaten und Gewürzen auffrischt (Tomate, Kräutersträußchen, Pilze, zerstampfter Pfeffer).

* *Anmerkung des Herausgebers:* Die Fonds (aromatische Grundbrühen) spielen keineswegs nur in der französischen Küche eine entscheidende Rolle. In der gesamten internationalen, also auch der deutschen Küche, wird mit Fonds gearbeitet. Die »Neue Küche« hat sie allerdings leichter gemacht und vor allem von Mehlschwitzen befreit, wie das hier auch die Rezepte der Brüder Troisgros zeigen.

Weißer Geflügel-Fond

Kochzeit: 45 Minuten nach Beginn des Aufkochens

Zutaten:

1 kg Skelette, Hälse und Füße vom Geflügel
60 g Möhren
50 g Zwiebeln
1 Weißes vom Lauch
½ Zweig vom Staudensellerie
2 Knoblauchzehen
1 Nelkenstange
6 g zerdrückte Pfefferkörner
Wasser

Zubereitung:

- Geflügelknochen in eine große Kasserolle geben, mit Wasser bedecken, aufkochen lassen und abschäumen.
- Danach die Gemüse und die Gewürzzutaten zufügen und 45 Minuten lang gleichmäßig kochen lassen. Mit einer Kelle das Fett abschöpfen, das nach oben steigt. Will man einen klaren Fond erhalten, muß man diese beiden Regeln strikt befolgen.
- Den Fond durch ein Spitzsieb passieren.
- Soll der Fond kräftiger werden, kann man ein Huhn oder ein Kalbsknie mitkochen; man kann diese Elemente dann noch weiterverwenden.

Brauner Kalbs-Fond

Kochzeit: 2 bis 4 Stunden nach Beginn des Aufkochens

Zutaten:

1 kg Kalbsknochen
100 g Möhren
50 g dicke Zwiebeln
1 Knoblauchzehe
1 Kräutersträußchen
Wasser

Zubereitung:

- Man läßt die Kalbsknochen vom Metzger kleinhacken. Zu Hause als erstes die Knochen auf ein Bratenblech legen und im Ofen anbräunen lassen.
- In eine große Kasserolle legt man die Knochen, Möhren und die in Scheiben geschnittenen Zwiebeln sowie das Kräutersträußchen. Nicht salzen!
- Das Ganze gerade eben mit Wasser bedecken, aufkochen lassen und entschäumen.
- Weiterkochen lassen und dabei oft das Fett abschöpfen; immer wieder kaltes Wasser zugeben, damit es die Knochen bedeckt.
- Sanft und gleichmäßig 2 bis 4 Stunden kochen lassen. Den Fond durch ein Spitzsieb passieren.
- Nach der Reduktion soll nun ein Liter brauner Fond übrigbleiben.

Demi-Glace, tomatisiert

(Demi-Glace ist ein reduzierter, aromatisierter brauner Fond)

Kochzeit: 1 Stunde nach Beginn des Aufkochens

Zutaten:

1 Liter brauner Kalbs-Fond
½ Eßlöffel Tomatenmark
3 frische Tomaten
½ Möhre
½ Zwiebel
1 Zweig Staudensellerie
Petersilie
5 zerstoßene Pfefferkörner
2 cl Erdnußöl

Zubereitung:

- Das Öl in eine Kasserolle geben, die Karotte und die Zwiebel als Mirepoix in Stücke schneiden und bei sanftem Feuer und bedeckt anschwitzen lassen; die frischen Tomaten, das Tomatenmark, den Selleriezweig, Petersilie und den braunen Fond zufügen.
- Ungefähr eine Stunde lang auf kleinem Feuer köcheln lassen und dabei entschäumen. 10 Minuten vor Ende der Kochzeit die zerstampften Pfefferkörner zugeben.
- Nach der Reduktion soll ½ Liter Flüssigkeit übrigbleiben; es ist also erforderlich, während des Kochens mit kaltem Wasser aufzufüllen.
- Durch ein Spitzsieb passieren und bis zur Verwendung aufbewahren.

Fleisch-Glace

(eingedickter Fleisch-Fond: Man gewinnt ihn durch Reduktion des braunen Kalbs-Fonds)

Zubereitung:

- Den Fond auf kleinem Feuer einkochen lassen. Mit einer Kelle sorgfältig den Satz entfernen, der sich am Rand des Topfes bildet. Die Klarheit der Brühe hängt davon ab.
- Ist die Reduktion fortgeschritten, die Flüssigkeit in eine kleinere Kasserolle umschütten.
- Die Flüssigkeit soll um $^9/_{10}$ einkochen. Die fertige Fleisch-Glace soll klar, sirupartig und glänzend sein. Deshalb soll die Flüssigkeit zu Beginn mindestens 4 Liter betragen. (Da die Zeit für die Reduktion entsprechend der Kochhitze verschieden sein kann, ist es unmöglich, eine genaue Zeit für die Fertigung anzugeben.)
- Die Fleisch-Glace wird für die Anfertigung eines Pfeffersteaks verwendet und um die Saucen kräftiger zu machen.

Wild-Fond

Kochzeit: 3 Stunden nach Beginn des Aufkochens

Zutaten:

1 kg Skelette oder Abgänge von Federwild und Abfälle von Haarwild
1 Liter Rotwein (trocken)
½ Liter Demi-Glace vom Kalb
5 cl Erdnußöl
1 Möhre
1 Zwiebel
1 Kräutersträußchen
Wasser

Zubereitung:

- In einer Kasserolle 10 Minuten die Stücke vom Wild angehen lassen.
- Möhre und Zwiebel in kleine Stücke schneiden und zugeben. Leicht angehen lassen, dann mit Rotwein und Demi-Glace auffüllen.
- Aufkochen lassen und dann auf sanftem Feuer 3 Stunden kochen lassen, dabei oft entschäumen.
- Wasser zufügen, um die Flüssigkeit gleichbleibend zu halten.
- Durch ein feines Spitzsieb passieren, entfetten und kalt stellen.
- Es soll nun 1 Liter Fond übrigbleiben.

Fisch-Fond

(Fisch-Sud)

Vorbereitungszeit: einige Minuten
Kochzeit: ungefähr 35 Minuten

Zutaten:

1 Kilo Fischgräten und Fischköpfe, vorzugsweise von der Seezunge, dem Steinbutt, dem Meeresaal, dem Merlan (Wittling), der Rascasse (Drachenkopf, Seekröte)
100 g Zwiebeln
1 Kräutersträußchen
Wasser

Zubereitung:

- In einer großen Kasserolle ohne Deckel auf sanftem Feuer ohne Fett die Fischteile und die in Scheiben geschnittenen Zwiebeln ungefähr 10 Minuten lang anschwitzen lassen. Mit Wasser auffüllen, so daß die Produkte gerade eben bedeckt sind, das Kräutersträußchen zufügen und aufkochen lassen. Mit einer Schaumkelle abschäumen und auf kleinem Feuer 25 Minuten kochen lassen.
- Durch feines Spitzsieb passieren und bis zur Verwendung kalt stellen.
- Man kann auch mit 20 cl trockenen Weißweins auffüllen, der dann 1/3 des Wassers ersetzt; wir ziehen es jedoch vor, dem Fond einen neutralen Charakter zu lassen, was später mehr Möglichkeiten bei der Zubereitung der Fische und Schalentiere eröffnet.
- Dieser Fond geliert bei der Abkühlung; deshalb sollte man ihn lauwarm in das für die Gefrierung bestimmte Gefäß füllen.

Würzbrühe für Fische, Krusten- und Schalentiere

Zubereitungszeit: 30 Minuten
Kochzeit: 6 Minuten

Zutaten für 3 l Wasser:

400 g Möhren
150 g Zweige vom Staudensellerie
250 g junge Zwiebeln
50 g Schalotten
1 Knoblauchzehe
1 Zweig Thymian
1 Lorbeerblatt
1 Blatt Salbei
1 Zweig Estragon
10 Zweige Petersilie
das Grüne von einem Lauch
$^1/_4$ rote Pfefferschote
5 Körner weißer Pfeffer
3 Körner Koriander
2 Aniskörner
2 Nelken-Stangen
25 g Salz

Zubereitung:

● Die Möhren als Julienne (Streifen) von 5 cm Länge schneiden, in gleicher Weise den geschälten Staudensellerie behandeln, nachdem man ihn breitseits noch einmal durchgeteilt hat. Zwiebeln und Schalotten in Scheiben schneiden.

– Alle diese Zutaten in eine Kasserolle geben:
– Möhren, Zwiebeln, Sellerie, Schalotten;
– die Knoblauchzehe, die man mit einer Messerspitze eingestochen hat;
– Thymian, Lorbeerblatt, Estragon, Salbei, die man zusammenbindet und dann in ein grünes Lauchblatt einwickelt;
– den leicht zerstoßenen Pfeffer, die Nelkenstange, Anis, den Koriander, den man in einem kleinen Stoffsäckchen zugibt;
– die Petersilienzweige, die man in 2 cm lange Stücke geschnitten hat.

- Das Ganze mit kaltem Wasser auffüllen, salzen und 4 Minuten aufkochen lassen.

Diesen Sud kann man für zwei Zwecke benutzen:

1. Für das Kochen von Fischen.
2. Indem man nur die Gemüse verwendet, die man mit trockenem Weißwein (am besten Sancerre) aufgießt und die man bei großer Hitze mit Butter montiert.

Dieses Rezept kann für die Zubereitung von Krebsschwänzen, Jakobsmuscheln und gekochten Fischen verwendet werden.

Küchenteig Auslegeteig

Zubereitungszeit: 15 Minuten

Zutaten für 8 Personen:

250 g Mehl
150 g Butter
2 Eigelb
1,5 dl Milch
6 g Hefe
25 g Puderzucker
1 Prise Salz

Zubereitung:

- Das Mehl kreisförmig wie eine Krone auslegen und in der Mitte eine Vertiefung machen, deren Zentrum man ausspart.
- In diese Mitte das Salz, den Zucker, die lauwarme Milch und die Hefe geben.
- Alles gut auflösen und mit den Fingerspitzen vermischen.
- Das Eigelb und die weiche Butter zufügen, das Mehl nach und nach in die Vertiefung einarbeiten und das Ganze vermischen.
- Durch sanftes Kneten eine homogene Masse herstellen, ohne sie allzu stark durchzuarbeiten.
- Ist der Teig fertig, rollt man ihn zu einer Kugel und legt ihn so in eine Salatschüssel. Mit einem Teller zudecken und kalt stellen.

Zuckerteig

Zubereitungszeit: 15 Minuten

Zutaten für 8 Personen:

250 g Mehl
90 g Butter
1 Prise Salz
125 g Zucker
4 Eigelb
½ Eßlöffel Wasser

Zubereitung:

- Zunächst das gleiche Verfahren anwenden wie für den Auslegeteig. Dann die weiche Butter, den Zucker, das Salz in die Mitte legen und je zwei Eigelb dazugeben, ferner einige Tropfen Wasser.
- Dann nach und nach das Mehl einarbeiten und zweimal gut durchkneten.
- Den Teig in einen Plastiksack füllen und ihn kalt stellen.

Blätterteig

Zubereitungszeit: 1 Stunde und 30 Minuten

Zutaten:

500 g Mehl
500 g Butter
2 dl Wasser
15 g Salz

Das Ansetzen:

Ein Marmortisch oder eine Marmorplatte sind empfehlenswert, besonders im Sommer, damit der Teig kühl bleibt.

- Das Mehl rund auslegen und Salz und Wasser in das Zentrum geben. Mit der rechten Hand das Mehl in der Weise einmischen, daß man es nach und nach in die Mitte einarbeitet.
- Die Mischung soll rasch geschehen, ohne daß man dabei stark knetet, um zu vermeiden, daß der Teig zu viel Körper bekommt. Das Ansetzen ist beendet, wenn das ganze Mehl eingearbeitet wurde.
- Mit einem Spachtel von der Unterlage (am besten Marmor) ablösen und den Teig zu einer Kugel formen. Ihn auf einen Teller legen und einigemal mit dem Messer hineinstechen, damit Luft eindringen kann, die ihm die Elastizität nimmt.
- 20 Minuten kalt stellen.

Die Butter:

- Man legt die Butter zwischen zwei Plastikfolien. Dann rollt man sie mit einer Kuchenrolle aus, um ihr eine weiche, aber doch noch bindende Konsistenz zu geben. So erhält man einen rechteckigen, sehr sanften Fladen.
- Legen Sie nun den angerichteten Teig vor sich und rollen Sie ihn zu einem Rechteck von 3 cm Dicke.
- Dann setzen Sie die Butter in die Mitte und schlagen die vier Seiten des Teigs so darüber, daß sich die Ränder begegnen und die Butter im Inneren ganz eingehüllt ist.
- Den Arbeitstisch leicht mit Mehl bestäuben und den Teig so klopfen, daß man ein Rechteck von gleichmäßiger Dicke (ungefähr 6 cm) erhält. Der Teig ist jetzt so weit fertig, daß er die 6 notwendigen Touren bekommen kann.

Die Touren:

Eine Tour geben, heißt, den Teig zu einem Band ausrollen, um ihn zu falten. Beide Hände müssen auf der Kuchenrolle flach liegen, und man rollt stets in der gleichen Richtung. Um eine Tour zu geben, verfährt man wie folgt:

- Man setzt die Rolle in die Mitte des Rechteckes und bewegt sie vorwärts, so daß nun der Teig die Hälfte seiner ursprünglichen Dicke bekommt. Ist man mit der Rolle am Ende angekommen, setzt man sie wieder an den ursprünglichen Platz (man rollt sie also nicht zurück!) und rollt sie wieder bis zum äußeren Ende. So erhält man eine Dicke von 2 cm. Jetzt faltet man den Teig dreifach nach Art einer Brieftasche.

In diesem Stadium nennt man den Teig eine »Teigwurst« (Pâton).

- Ist die erste Tour beendet, gibt man sofort die zweite, indem man den Teig um etwa 1/4 Tour nach rechts dreht, nun verfährt man wie bei der ersten Tour.
- Jetzt den Teig mit einem feuchten Tuch bedecken, damit er nicht austrocknet, und ihn kalt stellen.
- Nach 20 Minuten beginnt man mit den beiden letzten Touren (der fünften und der sechsten Tour), kurz bevor man den Teig verwendet. Jetzt kann der Blätterteig geschnitten werden.

Brandteig

Zubereitungszeit: 15 Minuten

Zutaten für 8 Dessert-Portionen:

$^1/_4$ Liter Wasser
60 g Butter
125 g Mehl
4 Eier
25 g Salz
12 g Zucker

Zubereitung:

- Das Wasser in eine Kasserolle schütten, das Salz, den Zucker und die Butter in kleinen Stücken zufügen.
- Aufkochen lassen und, sobald die Butter geschmolzen ist, vom Feuer nehmen und das Mehl zugeben.
- Die Masse langsam auf dem Feuer austrocknen, indem man mit einem Holzspachtel so lange rührt, bis sie sich vom Gefäß löst. Das dauert etwa 1 Minute.
- Dann vom Feuer nehmen, dann die ganzen Eier nach und nach mit dem Spachtel einarbeiten. Danach muß die Masse homogen und bindend sein. Sie dann in ein nicht ansetzendes Gefäß geben.
- Der Teig ist nun zur Verwendung bereit.
- Man kann ihn einige Tage lang kalt stellen, indem man ihn in eine Aluminiumfolie hüllt.

Tomatensauce

Zubereitungszeit: 25 Minuten
Kochzeit: 35 Minuten

Zutaten für 4 Personen:

1 kg Tomaten
$^{1}/_{2}$ Zwiebel
2 ungeschälte Knoblauchzehen
1 Kräutersträußchen
60 g Butter
Salz, Pfeffer, Zucker

Vorarbeiten:

1. Die Tomaten kurz in kochendes Wasser halten und dann schälen, sie in zwei Hälften schneiden, jede Hälfte mit der Hand ausdrücken, um das Gemüsewasser und die Kerne zu entfernen.
2. Das Tomatenfleisch in kleine Stücke schneiden.
3. Die Zwiebel hacken.

Zubereitung:

- In eine Schmorpfanne gibt man die Hälfte der Butter (30 g) und läßt die Zwiebel 5 Minuten lang anschwitzen, ohne sie zu bräunen.
- Die Tomaten, die zwei ungeschälten Knoblauchzehen und das Kräutersträußchen hinzugeben.
- Mit Salz, Pfeffer und einer Messerspitze Zucker abschmecken.
- Auf mittlerem Feuer ungefähr 30 Minuten bedeckt ziehen lassen.
- Den Knoblauch und das Kräutersträußchen herausnehmen. Die Tomaten in ein Sieb geben und wieder in die Sauce passieren. Von neuem aufkochen lassen.
- Die fertige Sauce in eine Terrine schütten.

Vollenden:

Vor der Verwendung läßt man die Sauce noch einmal aufkochen und montiert sie mit 30 g der restlichen Butter. Noch einmal abschmecken.

Kalte Sauce für Krustentiere

Zubereitungszeit: 20 Minuten
Kochzeit: 20 Minuten

Zutaten für 4 Personen:

Für den Krebsfond:
20 Krebskörper oder 20 zerstoßene Krebsschalen
2 cl Cognac
3 cl Weißwein
2 cl Erdnußöl
20 cl Fisch-Fond (siehe Rezept Seite 27)
2 Teelöffel Tomatenmark

Für die Sauce:
15 cl süße Sahne
2 cl Weinessig
1 Teelöffel Dijon-Senf
1 Messerspitze Paprika
8 Blätter Estragon
1 Selleriezweig
Salz, Pfeffer

Zubereitung:

- Die Krebskörper oder Schalen im Mixer zerkleinern.
- Sie in einer Kasserolle in heißem Öl angehen lassen und sie dabei 5 Minuten lang umrühren. Mit Cognac ablöschen, den Weißwein zufügen, dann den Fischfond. – Salzen.
- Das Tomatenmark einmischen und alles 20 Minuten kochen lassen.
- Die Sauce durch ein Spitzsieb passieren, indem man stark auf die zerkleinerten Schalen drückt, dann die Sauce einkochen lassen, bis man 8 cl erhält. Kalt stellen.

Vollenden:

In einer Salatschüssel den Senf, die Sahne, den Weinessig, den Paprika, Salz und Pfeffer vermischen.
Mit dem Schneebesen schlagen, nach und nach den Fond von den Krustentieren einarbeiten, dann die gehackte Petersilie und den gehackten Estragon zugeben.
Mit dieser Sauce kann man Krebs-Salat, Hummer-Salat und Krabben-Salat begleiten . . .

Sauce »Albert Prost«

Zubereitungszeit: 20 Minuten
Kochzeit: 10 Minuten

Zutaten für 4 Personen:

1 Fenchel mit Blättern
2 Schalotten
40 g Petersilie
25 cl Crème double
20 g Butter
2 cl Weißwein
2 cl Zitronensaft
Salz, Pfeffer

Zubereitung:

- Die Fenchelknolle schälen und reinigen, dann in dicke Stücke (Mirepoix) schneiden.
- Die jungen grünen Blätter der Fenchelknolle zusammen mit der Petersilie fein hacken und sie in einem Tuch auspressen, um Saft zu gewinnen, den man in einer Schale aufbewahrt.

Das Kochen:

- Die feingehackten Schalotten in einem kleinen Topf in Butter anschwitzen.
- Den Fenchel zugeben und ungefähr 7 bis 8 Minuten dünsten lassen.
- Mit Weißwein aufgießen, reduzieren (einkochen).
- Die Sahne zufügen, aufkochen lassen und salzen. Dann läßt man einige Minuten kochen, bis man eine leicht gebundene Sauce erhält. Nun fügt man den Fenchelsaft und Petersiliensaft zu, was der Sauce eine schöne grüne Pistazienfarbe gibt.

Vollenden:

- Mit etwas Zitronensaft, einer Drehung der Pfeffermühle und, wenn nötig, etwas Salz abschmecken.

Dijon-Senfsauce

Zubereitungszeit: 25 Minuten

Zutaten für 4 Personen:

2 Eigelb
18 cl Erdnußöl
5 cl Zitronensaft
1 Teelöffel Dijon-Senf
1 Schalotte
3 Zweige Kresse
6 Tropfen Tabasco
Salz

Zubereitung:

- Man nimmt eine Salatschüssel, deren Boden einen möglichst kleinen Umfang hat, damit jeder Schlag mit dem Schneebesen ein Maximum an Wirkung erzielt. Dahinein gibt man die Eigelb, den Senf, das Salz und 1/3 des Zitronensaftes.
- Alles mit dem Schneebesen gut schlagen, dann arbeitet man das Öl Tropfen für Tropfen ein, indem man energisch rührt.
- Wenn die Sauce flüssig ist, fügt man den restlichen Zitronensaft hinzu.
- Ist die Sauce zu dick, verlängert man sie mit einigen Tropfen Wasser.

Vollenden:

Man gibt die gehackte Schalotte, Tabasco und die feingeschnittene Kresse zu.
Diese Sauce begleitet kaltes oder rohes Fleisch. Sie kann auch zum Würzen der Sellerie-Remoulade benutzt werden.

Costelloise-Sauce

Zubereitungszeit: 15 Minuten
Kochzeit: 5 Minuten

Zutaten für 4 Personen:

15 cl Erdnußöl
8 cl Nußöl
15 cl Olivenöl
8 cl Weinessig
3 Eigelb
2 Orangenschalen (ungespritzt)
8 weiße Pfefferkörner
Salz

Zubereitung:

- Die drei Öl-Sorten in eine Kasserolle geben, gut vermischen und anschließend auf einer Ecke des Herdes leicht erwärmen.
- Die Orangenschalen sehr fein haschieren, sie 5 Minuten in wallendem Wasser abkochen, sie abschrecken und auf einem Sieb abtropfen lassen.
- In einer Kasserolle, vorzugsweise aus verzinktem Kupfer, den Weinessig und den feingestampften Pfeffer fast gänzlich einkochen lassen.
- Vom Feuer nehmen und 3 Löffel kaltes Wasser sowie die 3 Eigelb zufügen.
- Die Kasserolle auf sanftes Feuer stellen und mit dem Schneebesen ungefähr 3 Minuten das Öl tropfenweise einarbeiten.
- Die feingehackte Orangenschale zufügen, leicht salzen. Verwendet man diese Sauce nicht sofort, kann man sie im Wasserbad bei 45 Grad aufbewahren.

Kalte Tomatensauce

Zubereitungszeit: 15 Minuten

Zutaten für 4 Personen:

500 g Tomaten
1 Teelöffel Tomatenmark
3 g Salz
2 g Pfeffer
2 cl Weinessig
6 cl kalt geschlagenes Olivenöl
Estragon
gewöhnliche Petersilie

Zubereitung:

- Man nimmt am besten vollreife und frisch gepflückte Tomaten. Kurz in kochendes Wasser halten, abschrecken und die Haut abziehen. In zwei Hälften schneiden, auspressen und damit das Wasser und die Kerne entfernen.
- Das Tomatenfleisch durch ein horizontales Sieb passieren, indem man mit dem Rücken eines Löffels daraufdrückt.
- Den Saft in einer Salatschüssel auffangen, dann bis zur Verwendung kalt stellen.

Würzen:

Das geschieht im letzten Augenblick vor der Verwendung, damit das Öl nicht gerinnt.

- Dem Tomatensaft in der Salatschüssel das Tomatenmark zufügen und mit dem Schneebesen heftig rühren, damit sich die beiden Elemente gut vermischen. Dann sofort den Weinessig und das Olivenöl Tropfen für Tropfen einarbeiten.
- Mit Salz, Pfeffer, Petersilie und dem gehackten Estragon würzen.
- Diese Sauce eignet sich für Gemüse und Fischterrinen und muß sehr kalt serviert werden.

Sauce aus Estragon-Püree

Zubereitungszeit: 10 Minuten
Kochzeit: 8 Minuten

Zutaten für 4 Personen:

50 g Estragon
160 g Spinat
20 cl weißer Geflügel-Fond (siehe Rezept Seite 22)
30 g Butter
30 g weißer Pfeffer
Salz

Vorarbeiten:

1. *Spinat:* Die Blattränder und die Rippen entfernen. Waschen.
2. *Estragon:* Am besten wählt man frisch gepflückten Estragon. Man zupft die Blätter ab.

Das Kochen:

- Den Spinat in kochendes Salzwasser geben; den Topf zudecken und ungefähr 4 Minuten ziehen lassen. Danach den Spinat unter kaltem Wasser sofort abschrecken.
- Den Estragon in einem Sieb eine Minute lang in kochendes Salzwasser tauchen. Dann sofort kalt abschrecken.
- In einer kleinen Kasserolle bringt man den weißen Geflügelfond zum Kochen. Den zerstampften Pfeffer und dann den Estragon zufügen.
- Ohne Deckel stark, fast ganz einkochen lassen. Die Spinatblätter zugeben, damit sie wieder heiß werden.

Vollenden:

Das Ganze auf ein horizontales Sieb mit Gestell geben und mit einem Holzspachtel durchpassieren. Das Püree in einer kleinen Kasserolle auffangen, indem man zum Schluß das Sieb mit einem Messerrücken abkratzt.
In einer heißen Pfanne die Butter leicht Farbe nehmen lassen, dann mit dem Schneebesen das Estragon-Püree einarbeiten.
Bis zur Verwendung warmstellen, aber nicht mehr kochen lassen.
Diese Sauce eignet sich für weißes Fleisch und für Eierspeisen.

Zweites Kapitel
Die Rezepte

Krammetsvogel-Crème

Zubereitungszeit: 90 Minuten
Kochzeit: 40 Minuten

Zutaten für 4 Personen:

8 Krammetsvögel (Drosseln)
25 g Reis
1 Liter weißer Geflügel-Fond (siehe Rezept Seite 22)
30 cl Crème double
50 g Butter
1 Eßlöffel Olivenöl
½ Möhre
1 Schalotte
6 Wacholderkörner
1 Kräutersträußchen
1 Scheibe Brot
Salz
Pfeffer

Anmerkung des Herausgebers:
Der Krammetsvogel ist eine Wacholderdrossel, deren Jagd in Deutschland verboten ist. In Italien, Spanien, Griechenland und Frankreich ist die Jagd noch erlaubt. In einer Reihe von Delikatessen-Geschäften kann man jedoch auch in Deutschland importierte Krammetsvögel kaufen.

Vorarbeiten:

1. 8 kleine, frische Krammetsvögel aussuchen, das heißt, bei Ihrem Wild- und Geflügelimporteur bestellen.
   - Rupfen, den Schnabel, die Füße und den Magen entfernen (man fühlt ihn leicht mit den Fingern, wenn man auf den Bauch drückt). Am besten sticht man eine Bridier-Nadel hinein und zieht ihn auf diese Art hinaus.
   - Die beiden Filets von der Brust lösen und sie in feine Scheiben schneiden.
   - Während der Vorbereitungszeit in eine Schale mit Salz, Pfeffer, Olivenöl einlegen.
2. Die Möhre als Mirepoix in Stücke schneiden, die Schalotte fein hacken.
3. Den Reis in ein Sieb tun und ihn unter starkem Wasserstrahl waschen, um die Stärke zu entfernen.

- Aus der Brotkruste kleine Kugeln von 1,5 cm Durchmesser schneiden und sie in der Pfanne in 20 g Butter rösten.

Zubereitung:

20 g Butter in eine Kasserolle geben und erhitzen. Die Skelette der Krammetsvögel darin angehen lassen. Nach 10 Minuten die Karotte und die Schalotte zugeben, zugedeckt 5 Minuten lang anschwitzen lassen.

- Den Reis, das Kräutersträußchen, die zerdrückten Wacholderkörner zugeben und mit dem weißen Geflügelfond aufgießen.
- 40 Minuten kochen lassen.
- Die Skelette und die übrigen Zutaten mit einer Schaumkelle herausnehmen und im Mixer zerkleinern.
- Die jetzt entstandene Masse wieder in die Kasserolle schütten und das Ganze durch ein Sieb geben.
- Die Crème double zufügen, aufkochen lassen und dann abschmecken.
- Die Krammetsvogel-Filets in 10 g Butter 20 Sekunden lang in einer Pfanne bei großer Hitze braten.

Anrichten:

Die kochende Suppe in eine Suppenschüssel schütten, die Filets und die Brot-Würfel getrennt servieren.

Crème-Suppe von Jakobsmuscheln

Zubereitungszeit: 45 Minuten
Kochzeit: 10 Minuten

Zutaten für 4 Personen:

1 kg lebende Jakobsmuscheln
10 cl Weißwein
20 cl Fisch-Fond (siehe Rezept Seite 27)
30 g Butter
20 cl Crème double
2 Eier
1 Schalotte
20 Schnittlauchstengel
1 Zweig Thymian
Salz, Pfeffer

Die Jakobsmuscheln:

- Die Jakobsmuscheln waschen, ohne daß man sie dabei im Wasser liegen läßt.
- Sie in eine entsprechend große Kasserolle legen, Weißwein, Fisch-Fond, die gehackte Schalotte, den Thymian und eine Messerspitze grobes Salz hinzufügen.
- Die Kasserolle so fest wie möglich mit dem Deckel schließen und auf großes Feuer stellen.
- Nach 3 Minuten Kochzeit die Kasserolle vom Feuer nehmen und die unten liegenden Muscheln mit den oben liegenden austauschen.
- Von neuem aufs Feuer stellen und zugedeckt 2 Minuten kochen lassen.
- Danach bis auf lauwarm abkühlen lassen und die Muscheln entschälen.
- Man entfernt die Nuß mit Hilfe einer Messerklinge, die man auf dem Boden der tiefen Schale entlangführt, nachdem sich der Deckel der Muschel während des Kochens bereits abgelöst hat.
- Man verwendet lediglich die Nuß (den weißen Kern) und das rötliche Corail, indem man den oft schwarzen Außenrand abschneidet.
- Die Kochflüssigkeit gibt man durch ein Sieb.

Die Bindung:

- In einer Tasse schlägt man die beiden Eigelb mit dem

Schneebesen und arbeitet 4 Eßlöffel Muschelfond und eine Umdrehung Pfeffer aus der Pfeffermühle ein.

Die Crème-Suppe:

- Die Sahne in einer Kasserolle aufkochen lassen.
- Dann weiter und ziemlich stark einkochen lassen. Den
- Muschel-Sud zugeben und alles zusammen 3 bis 4 Minuten kochen lassen.

Vollenden:

- Die Kasserolle vom Feuer nehmen, auf einen Tisch stellen und nach und nach die Bindung einarbeiten, indem man ununterbrochen mit einem Holzlöffel heftig rührt.
- Die Suppe soll nun eine leicht crèmige Konsistenz haben.

Anrichten:

- In eine heiße Suppenschüssel gibt man als Garnitur die ausgelösten Jakobsmuscheln und den im letzten Augenblick kleingeschnittenen Schnittlauch.
- Dann gießt man die Crème-Suppe darüber und serviert.
- (Die Jakobsmuscheln können auch durch gewöhnliche Muscheln oder Kamm-Muscheln [Téfoniles] ersetzt werden.)

Suppe von feinen Erbsen-Schoten

Zubereitungszeit: 30 Minuten
Kochzeit: 1 Stunde

Zutaten für 4 Personen

500 g feine Erbsen in Schoten
1 Herz vom grünen Salat
4 Stangen Lauch
100 g Butter
10 cl Crème double
1 Kräutersträußchen
Salz, Zucker

Vorarbeiten und Kochen:

1. Man sucht ganz frische, feine Erbsen, möglichst feine Zuckererbsen aus. Erst im letzten Augenblick aus der Schote nehmen, die Schoten aufbewahren und die feinen Erbsen auf englische Art kochen, das heißt schnell in stark kochendem, gesalzenem Wasser 4 bis 5 Minuten lang – und dann rasch abschrecken.
2. Die Lauchstangen schälen, sie in große Stücke schneiden und in einer Kasserolle mit 50 g Butter 15 Minuten lang anschwitzen.
   – Nun gibt man die Schoten in 1 Liter Wasser.
   – Man fügt das Kräutersträußchen hinzu und salzt.
   – Dann 1 Stunde bedeckt kochen lassen.
3. Die Schoten auf einem horizontalen Sieb mit Gestell, das man über ein Gefäß gesetzt hat, ausbreiten und sie mit Hilfe eines Stößels oder einer Reibekeule durch das Sieb drücken.
   – Auf der Oberseite des Siebes darf nichts mehr übrigbleiben.
4. 4 Blätter aus dem Salatherz herausschneiden.

Vollenden:

- Die Kasserolle wieder aufs Feuer setzen, dabei mit dem Schneebesen bis zum Aufkochen rühren.
- Den Salat zugeben und 1 Minute kochen lassen.
- Nun die Sahne zugeben, noch einmal aufkochen lassen, dann vom Feuer nehmen.
- Den Rest der Butter unter heftigem Rühren einarbeiten.
- Die feinen Erbsen als Garnitur zugeben und ab-

schmecken. Entsprechend der stärkeren oder schwächeren Süße der feinen Erbsen muß man die Suppe eventuell leicht nachzuckern.

Weiße Bohnensuppe mit Geflügelleber

Zubereitungszeit: 30 Minuten
Kochzeit: 1 Stunde

Zutaten für 4 Personen:

10 helle Geflügellebern
160 g getrocknete weiße Bohnen oder
350 g weiße Bohnen in der Schote
3 Stangen Lauch
3 Brotscheiben
10 cl Sahne
50 g Butter
1,5 Liter weißer Geflügelfond (siehe Rezept Seite 22)
Salz, Pfeffer

Vorarbeiten:

1. *Die Bohnen:* Sind sie frisch, muß man sie vorher aus der Schote nehmen.
   – Sind sie getrocknet, müssen sie 2 Stunden lang lauwarm gewässert werden.
2. *Die Geflügellebern:* In je zwei Hälften teilen und die grünlichen Teile entfernen, die durch Berührung mit der Galle verunreinigt sind.
   – 3 Lebern aufbewahren, die man in kleine Stücke von 1 cm Durchmesser schneidet.
3. *Der Lauch:* Schälen, waschen und das Weiße in kleine Stücke schneiden.
4. *Das Brot:* In kleine Würfel von je 6 mm Durchmesser schneiden und sie in der Pfanne in 15 g Butter braten, bis sie goldenfarbig und kross sind.

Das Kochen:

- Handelt es sich bei den Bohnen um frisches Gemüse, müssen sie wie solches behandelt werden. Man läßt sie unbedeckt in kochendem Salzwasser 25 Minuten garen. Die getrockneten Bohnen müssen 2 Stunden lang auf kleinem Feuer kochen.
- Man nimmt eine hohe Kasserolle mit dickem Boden: In 30 g Butter den Lauch anschwitzen, die nicht zerkleinerten Lebern zufügen und sie etwa 10 Minuten angehen lassen. Mit dem weißen Geflügelfond aufgießen, bedecken und 25 Minuten sanft ziehen lassen.

- Zwei Dutzend Bohnen der Länge nach in zwei Teile schneiden und bereitstellen.
- Die übrigen Bohnen der Suppe zugeben, das Ganze in eine Kasserolle durchpassieren, die Sahne zufügen und wieder zum Kochen bringen.
- Die in Würfel geschnittenen Lebern in der Pfanne mit 10 g Butter 2 Minuten lang braten und mit Salz und Pfeffer abschmecken.
- Den Rest der Butter mit dem Schneebesen einarbeiten und noch einmal abschmecken.

Anrichten:

Die Geflügellebern und die zerschnittenen Bohnen auf den Boden einer Suppenschüssel legen und die Suppe durch ein Spitzsieb darübergießen.
Die gerösteten Brotwürfel sollten getrennt serviert werden, damit man sie im letzten Augenblick in die Suppe tun kann. So bleiben sie noch kross.

Mandel-Suppe

Zubereitungszeit: 30 Minuten
Kochzeit: 5 Minuten

Zutaten für 4 Personen:

200 g frische oder getrocknete Mandeln ohne Schale
5 Eier
1 Liter weißer Geflügelfond (siehe Rezept Seite 22)
3/4 Liter Crème double
Salz, Pfeffer

Vorarbeiten:

1. Die Mandeln kurz in kochendes Wasser tauchen, damit man sie leichter enthäuten kann.
2. Die Eier 9 Minuten lang kochen. Sie erkalten lassen, die Schale abnehmen und das Gelbe vom Weißen trennen.
3. Die Mandeln und das Eigelb solange im Mixer pürieren, bis man eine homogene Paste erhält.

Zubereitung:

- Den Geflügelfond in einer Kasserolle leicht erwärmen.
- Die Sahne einmischen und dann nach und nach die Mandel-Eigelb-Masse aus dem Mixer einarbeiten.
- Unaufhörlich mit einem Holzspachtel rühren und zum Kochen bringen.
- Dann auf sanftem Feuer 5 Minuten kochen lassen, abschmecken und sehr heiß servieren.

Karpfen-Suppe

Zubereitungszeit: 30 Minuten
Kochzeit: 70 Minuten

Zutaten für 4 Personen:

1 Karpfen von 1,5 Kilo Gewicht
50 g Butter
100 cl Crème double
500 g Spinat
400 g Sauerampfer
100 g Kerbel
100 g Blattkresse
200 g Petersilie
10 Blätter Estragon
2 Knoblauchzehen
1 Zwiebel
1 Kräutersträußchen
Salz, Pfeffer
Mehl und Öl für die Fritüre

Vorarbeiten:

1. Den Karpfen ausnehmen, die beiden Filets ablösen und die Haut abziehen.
   - Die zwei flachen Bauchteile ohne Gräten aufbewahren und sie in kleine Medaillons von 3 cm Durchmesser schneiden.
2. *Der Sud:* Kopf und Hauptgräte mit einem großen Messer zerteilen.
   - Diese Parüren (Abgänge) in eine kleine Kasserolle geben, dazu die Zwiebel, das Kräutersträußchen, zwei Knoblauchzehen, 3 Liter Wasser und eine Messerspitze grobes Salz.
   - Nach dem Aufkochen entschäumen und dann 25 Minuten weiterkochen lassen.
   - Das Ganze durch ein feines Spitzsieb passieren.
3. Stengel und Rippen aus den Spinatblättern entfernen, das gleiche mit dem Sauerampfer, der Petersilie, dem Kerbel, dem Estragon und der Blattkresse machen.
   - Waschen, abtropfen und fein schneiden.

Zubereitung:

- In eine große Kasserolle die Karpfenfilets und die gesamten Kräuter geben.
- Butter zufügen und bedeckt ungefähr 15 Minuten schwitzen lassen.
- Dann mit dem Sud aufgießen und zum Kochen bringen.
- Zugedeckt bei mäßigem Feuer 40 Minuten kochen lassen.
- Das Ganze in einen großen Mixer (Moulinette) geben und wieder in die Kasserolle füllen, die Sahne zufügen und aufkochen lassen.
- Abschmecken und eventuell nachwürzen.

Beilage:

- Zwei Minuten bevor man die Suppe serviert, wälzt man die Medaillons vom Karpfenbauch in Mehl, gibt sie in den Fritier-Korb und taucht sie in sehr heißes Öl, wodurch sie sofort eine goldene Farbe annehmen.
  Man läßt sie nur sehr kurz in der Fritüre, maximal 2 Minuten.
  Auf einem Tuch abtropfen lassen und salzen.
- Die Suppe wird sehr heiß serviert. Die Garnitur serviert man extra auf kleinen Tellern.

Hummersuppe mit Aalbrut

Zubereitungszeit: 1 Stunde
Kochzeit: 30 Minuten

Zutaten für 4 Personen:

1,6 Kilo lebende Hummer (2 oder 3 Stück)
80 g Aalbrut
4 cl Cognac
10 cl Weißwein
10 cl Crème double
40 g Butter
5 cl Öl
$^3/_4$ Liter Fisch-Fond (siehe Rezept Seite 27)
2 Tomaten
1 Eßlöffel Tomatenmark
1 Möhre
1 Zwiebel
1 Schalotte
1 Knoblauchzehe
1 Kräutersträußchen
Salz, Pfeffer

Vorarbeiten:

1. Die Hummer zunächst in stark kochendem Wasser in einem sehr großen Topf töten. Dann die Schwänze und die Beine abschneiden, den Körper der Länge nach in zwei Teile schneiden, den Magen entfernen und das Corail (Mark) in einer Schale aufbewahren. Die Scheren aufbrechen und das Ganze mit Salz und Pfeffer würzen.
2. Zwiebel, Schalotte und Möhre als Mirepoix in Stücke schneiden.
3. Die Aalbrut in kochendes Wasser werfen. Nach dem Aufkochen die Oberfläche entschäumen, 10 Sekunden weiterkochen lassen, herausnehmen und auf einem Sieb abtropfen lassen.

Kochen der Suppe:

- In einer großen Kasserolle Öl und 20 g Butter erhitzen, die Hummerstücke hineingeben, mit einem Holzspachtel umrühren, bis die Schalen schön rot werden.
- Die Gemüsestücke (Mirepoix) zufügen und 5 Minuten bedeckt auf sanftem Feuer ziehen lassen.

- Nun den zerdrückten Knoblauch zugeben, ferner die frische Tomate, das Tomatenmark und das Kräutersträußchen.
- Mit dem Cognac ablöschen, einkochen lassen, dann den Weißwein und den Fisch-Fond zugeben.
- Die Kasserolle zudecken und auf sanftem Feuer 12 Minuten kochen lassen.
- Die Hummerstücke herausnehmen.
- Im Mixer die Schalen zerkleinern und die Masse wieder in die Kasserolle geben.
- 10 Minuten weiterkochen lassen.
- Das Corail mit 20 g Butter vermischen und in die Suppe einarbeiten.
- Die Sahne zugeben. Aufkochen lassen, abschmecken und nachwürzen. Die Suppe soll gut gewürzt sein.
- Das Ganze durch ein feines Spitzsieb passieren.

Vollenden:

- Das Hummerfleisch aus dem Schwanz und den Beinen auslösen und in kleine Stücke von ungefähr je 5 g schneiden.
- Die Hummerstücke und die Aalbrut auf den Boden der Suppenschüssel legen, die kochende Suppe darübergießen und sofort servieren.

Muschel-Suppe mit Thymianblättern

Zubereitungszeit: 35 Minuten
Kochzeit: 40 Minuten

Zutaten für 4 Personen:

1 Kilo Muscheln
1 Zwiebel
1 Knoblauchzehe
1 Weiß vom Lauch
1 Möhre
3 Tomaten
10 cl Weißwein
10 cl Crème double
6 cl Olivenöl
½ Liter Fisch-Fond (siehe Rezept Seite 27)
1 Kräutersträußchen
10 g Safran
frischer Thymian
Salz, Pfeffer

Vorarbeiten:

1. *Die Muscheln:* Schwere Muscheln auswählen, das heißt lebende Muscheln, noch mit Meerwasser gefüllt. Die Fasern abnehmen und sie schnell waschen, ohne sie im Wasser liegen zu lassen.
   - Die Muscheln in eine Kasserolle legen, die groß genug ist, um das Doppelte ihres Volumens aufzunehmen.
   - Den Weißwein darüberschütten und den Topf so fest wie möglich schließen.
   - Ungefähr 4 Minuten kochen lassen, dabei von Zeit zu Zeit umrühren.
   - Wenn sich die Muscheln geöffnet haben, läßt man sie abkühlen, um sie auszulösen.
   - Die ausgelösten Muscheln in eine Schale legen und mit Kochwasser bedecken. Den Rest des Kochwassers durch ein feines Spitzsieb passieren.
2. *Die Garnitur:* Zwiebel, Knoblauch, Lauch fein hacken; die Möhre in Stücke (Mirepoix) schneiden, die Tomaten schälen, nachdem man sie in kochendes Wasser gehalten hat, ausdrücken und sie in kleine Stücke schneiden.
   - Das Kräutersträußchen vorbereiten.

Das Kochen:

- In einer großen Kasserolle Zwiebel, Lauch, Möhre in Olivenöl anschwitzen lassen, ohne sie zu bräunen, also ungefähr 10 bis 15 Minuten lang.
- Den Knoblauch, die zerkleinerte Tomate und das Kräutersträußchen zufügen.
- Das Muschelwasser und den Fischfond zugeben, aufkochen lassen, entschäumen, Safran und Salz zugeben, die Kasserolle zudecken und 40 Minuten ziehen lassen.

Vollenden:

- Deckel abnehmen und die Sahne zufügen, aufkochen lassen, abschmecken und eventuell mit Salz und Pfeffer nachwürzen.

Anrichten:

Die Muscheln in eine heiße Suppenschüssel legen, 2 Messerspitzen Thymianblätter zugeben (man reibt den Thymianzweig zwischen den Fingern, so daß die feinen Teile der Blätter herunterfallen). Dann die kochende Suppe daraufschütten.

Neuer Spinat-Salat

Zubereitungszeit: 15 Minuten

Zutaten für 4 Personen:

240 g Spinat
120 g Räucherspeck
2 harte Eier
6 cl Zitronensaft
14 cl Olivenöl
4 cl Weinessig
1 Teelöffel weißer Senf
Salz, Pfeffer

Vorarbeiten:

1. *Spinat:* Frischen, zarten Spinat auswählen.
   - Die Blätter vom Gerippe lösen, indem man gegen den Strich zieht. In kaltem Wasser waschen, abtropfen und in einem Tuch abwischen.
2. *Die Sauce:* Eine runde Schüssel mit schmalem Boden nehmen: zwei zerdrückte harte Eigelb hineingeben, den Senf, den Zitronensaft, Salz und Pfeffer.
   - Mit dem Schneebesen das Öl nach und nach energisch rührend einarbeiten.
3. *Der Speck:* In sehr feine Scheiben schneiden.
4. *Das harte Eiweiß:* Grob hacken.

Zubereitung:

In einer Pfanne die Speckscheiben angehen lassen.
- Sobald sie gut kross sind, das flüssige Fett abschütten; während der Speck brät, richtet man die Spinatblätter in einer Salatschüssel an; man begießt sie mit Sauce und bewegt sie darin, damit sie geschmeidig werden.

Vollenden:

Den Salat mit dem gehackten Eiweiß bestreuen und die heißen Speckstücke daraufgeben. Die Pfanne mit dem Weinessig ablöschen und damit den Spinat würzen.
Sobald der Salat auf dem Tisch angerichtet wird, wälzt man ihn von neuem um, um alles gut zu mischen.

Fasanen-Salat

Zubereitungszeit: 45 Minuten
Kochzeit: 25 Minuten

Zutaten für 4 Personen:

2 Fasanen-Hennen
2 Endivien-Stiele
2 Tomaten
20 g Butter
12 cl Nußöl
12 cl Weinessig
16 Nüsse
1 Würfel Bauernbrot
3 ungeschälte Knoblauchzehen
1 Thymianzweig
Salz, Pfeffer, Dijon-Senf

Vorarbeiten:

Zwei junge Fasanenhennen auswählen, die am wenigsten durch Schüsse aus dem Jagdgewehr verletzt sind und die keinesfalls »haut goût« haben dürfen. Mit dem Federkleid soll jede nicht mehr als 1 Kilo wiegen.
Rupfen, ausnehmen, abflambieren und zusammenbinden.

Das Kochen:

Eine große gußeiserne Kasserolle nehmen, in der beide Tiere Seite an Seite liegen können, ohne sich zu pressen.

- Butter schmelzen lassen, die Vögel darin wälzen und ihnen eine schöne goldene Farbe geben.
- Zwei ungeschälte Knoblauchzehen zugeben, ebenso den Thymianzweig, dann die Kasserolle zudecken.
- Auf sanftem Feuer 25 Minuten garen lassen.
- Von Zeit zu Zeit etwas Wasser zugießen, damit man einen braunen Jus erhält.
- Gegen Ende der Kochzeit die Vögel herausnehmen und durch Abkühlen das Fett an die Oberfläche steigen lassen, damit man es leichter entfernen kann.
- Dann weiter einkochen, bis ungefähr 4 gute Eßlöffel voll Jus übrigbleiben.

Der Salat:

Während die Fasanen kochen, erledigt man folgende Vorarbeiten:

1. Vinaigrette-Sauce: Man gibt in folgender Reihenfolge diese Zutaten in eine Salatschüssel: den Senf, das Salz, den Pfeffer und den Weinessig. Mit einem Schneebesen heftig rühren und dann tropfenweise das Nußöl einarbeiten.
2. Den krausen Endiviensalat gut waschen, von fehlerhaften Blättern befreien und ihn in einem Tuch aufbewahren.
3. Die Tomaten kurz in kochendes Wasser halten, enthäuten, die Kerne und das Gemüsewasser ausdrücken. Dann das Fleisch in 12 Teile schneiden und es mit 2 Löffeln Weinessig würzen.
4. Die Nüsse entschälen, die gewonnenen zwei Hälften der Kerne beiseite legen.
5. *Die Brotstücke:* Mit der dritten Knoblauchzehe, die man jetzt entschält, reibt man das Stück Brot ein. In runde Stücke von der Größe einer Münze schneiden, mit einigen Tropfen Nußöl beträufeln.

Das Zerlegen:

Die Fasane von den Fäden befreien, die beiden Filets ablösen, und die Haut abziehen. Flügel und Schenkel können für ein Ragoût-Gericht weiterverwendet werden.
Das weiße Fleisch in Scheiben von 5 x 5 cm schneiden.
Sie auf eine Servierplatte legen und sie mit dem lauwarmen Jus würzen, den man vorher durch ein Spitzsieb passiert hat.

Anrichten:

4 große Teller mit dem grünen Salat garnieren, nachdem man ihn mit der Vinaigrette-Sauce gewürzt hat.
Darauf das weiße Fleisch der Fasanen-Hennen legen und die Tomatenwürfel, die Nüsse und die Brotstücke garnieren.
Im letzten Augenblick mit dem Fasanen-Jus begießen, den man vorher leicht erwärmt hat.
Sofort servieren.

Neuer Salat

Zubereitungszeit: 25 Minuten
Kochzeit: 2 Minuten

Zutaten für 4 Personen:

280 g rohe Leber von der Stopfente
240 g roher Blattspinat
2 hartgekochte Eier
½ Zitrone
2 cl Weinessig
4 cl Erdnußöl
15 cl kalt geschlagenes Olivenöl
1 Teelöffel weißer Senf
Salz, Pfeffer

Vorarbeiten:

1. *Die Entenleber:* Die Entenleber in eine Kasserolle mit gekochtem Salzwasser tauchen, 1 Minute aufkochen und dann in der Kochflüssigkeit erkalten lassen. Man sollte diese Vorarbeit am Tag vor der Zubereitung machen, damit die Leber ihre Festigkeit wiedergewinnt.
2. *Der Spinat:* Jungen, zarten Spinat auswählen. Man zieht am Stielende die Zentral-Rippe aus.
   - Nachdem der Spinat entstielt ist, unter starkem Strahl waschen, ausdrücken und zwischen zwei Tüchern abtrocknen.
3. *Die Sauce:* 2 zerstampfte, harte Eigelb mit dem Senf, dem Zitronensaft, dem Salz, dem Pfeffer in einer Salatschüssel mit dem Schneebesen energisch vermischen, dann das Olivenöl in kleinsten Dosen einarbeiten.
4. Die Entenleber aus dem Kochwasser nehmen und sie in feine Scheiben von ungefähr 15 g schneiden.
   - Auf eine Platte legen und würzen.
5. Den Spinat in eine Salatschüssel geben und mit der Sauce anrühren.
   - Den Spinat auf 4 lauwarme Teller geben.

Kochen – Vollenden – Anrichten:

● Zwei große Pfannen erhitzen, das Erdnußöl hineingeben und, sobald es zu rauchen beginnt, die Entenleber-Scheiben darin 1 Minute auf jeder Seite angehen lassen.
● Die Lebern sternförmig auf den Spinat legen.

- Das Fett aus der Pfanne abgießen und sie mit dem Weinessig ablöschen.
- Während dieser Zeit die 4 Teller für einige Sekunden in den heißen Ofen setzen, sie dann wieder herausnehmen.

Jede Scheibe Entenleber mit dem Rücken eines Löffels mit kochendem Weinessig bestreichen.
Sofort servieren.

Krebsschwanz-Salat

Zubereitungszeit: 45 Minuten
Kochzeit: 8 Minuten

Zutaten für 4 Personen:

80 Krebse (ca. 3,5 kg)
12 Blätter von gekräuseltem Endivien-Salat
4 g Eier (Rogen) vom Hummer oder Paprikakörner
Kalte Sauce für Krustentiere (siehe Rezept Seite 28)

Vorarbeiten:

1. Zur Vorbereitung der Krebse verwende man dasselbe Verfahren wie für den Krebsschwanz-Topf (siehe Rezept Seite 70)
2. 4 Krebse für die Dekoration zurückbehalten.

Anrichten:

- Die entschälten Krebsschwänze mit der Sauce für Krustentiere in einer Salatschüssel vermischen.
- 4 kleine Schalen mit dem Salat garnieren, darauf achten, daß die Blätter über den Rand ragen. Das Innere mit den Krebsschwänzen füllen und einen ganzen Krebs an jede Schüssel von außen lehnen.

Verwendet man Hummer-Rogen, so brüht man ihn kurz ab und streut ihn oben auf den Salat, sonst nimmt man dafür Paprikakörner.

Üppiger Salat

Zubereitungszeit: 30 Minuten

Zutaten für 4 Personen:

120 g fertig gekochte Gänseleber aus der Terrine
24 Stück Krebse
40 g gekochte (eingemachte) Trüffel
1 kleiner Salatkopf
1 kleiner Batavia-Salatkopf
1 kleiner Kopf gekräuselter Endiviensalat
4 Stück rote Endivien (Treviso-Salat)
2 harte Eier
Hummer-Rogen (Eier)
10 cl Nußöl
5 cl Weinessig
1/4 Zitrone
1 Teelöffel weißer Senf
Salz, Pfeffer

Vorarbeiten:

1. Die Salate verlesen, gut waschen und in einem Tuch abtrocknen.
2. Die Krebse 2 Minuten in einer Würzbrühe kochen und die Krebsschwänze entschälen (siehe Rezept Seite 70).
3. Die Trüffel in feine Scheiben schneiden, sie leicht mit Salz, Zitrone und Nußöl würzen.
4. Etwas Hummer-Rogen (Eier) in kochendes Wasser werfen, ihn nach einigen Sekunden wieder herausnehmen, abschrecken und abtropfen lassen.
5. Die Schalen von den harten Eiern entfernen, das Gelbe für eine andere Verwendung herausnehmen und das Weiße in runde Ringe schneiden.

Die Sauce:

In einer Salatschüssel bereitet man die Vinaigrette vor: Senf, Weinessig, Salz, Pfeffer. Mit dem Schneebesen heftig schlagen und Tropfen für Tropfen das Öl einarbeiten.

Anrichten:

- Die Krebsschwänze mit einem Löffel voll Sauce würzen.
- Die Salate vermischen, würzen, auf 4 Teller verteilen.
- Darauf die in feine Scheiben geschnittene Gänseleber (Größe einer Münze) legen.

- Die Trüffelscheiben in 3 oder 4 Stücke zerbrechen und sie abwechselnd mit dem Weißen vom Ei anordnen, nach Art eines Mosaiks.
- Über das Ganze die Hummer-Eier verteilen – falls man über keine verfügt, kann man die rote Farbe auch mit ein paar Tomatenstücken erzielen.

Schnecken-Brühe »Langschläfer«

Zubereitungszeit: 1 Stunde
Kochzeit: 40 Minuten

Zutaten für 4 Personen:

40 Schnecken
100 g Butter
1 Möhre
1 Weiß vom Lauch
1 Zwiebel
1 Zweig Staudensellerie
10 cl trockener Weißwein
3/4 Liter weißer Geflügelfond (siehe Rezept Seite 22)
1 Kräutersträußchen
grobes Salz, Pfeffer
Basilikum (in der Saison) oder Kerbel

Vorarbeiten:

1. *Die Schnecken:* Dieses Rezept kann nur mit Schnecken gelingen, die ihr Gehäuse verschlossen haben, um zu überwintern.
   - Das Verschluß-Blättchen aus Kalk entfernen, indem man mit einer Messerspitze daruntergreift.
   - Die Schnecken mehrfach waschen und zwei Stunden in stark gesalzenem Wasser ausschlemmen lassen.
   - Sie in eine Kasserolle legen, das Wasser zum Kochen bringen und sie gleich danach abtropfen lassen.
   - Das Schneckenfleisch aus dem Gehäuse mit Hilfe einer Bridier-Nadel nehmen oder mit einer anderen großen Nadel. Den schwarzen Teil am äußeren Ende des Tieres entfernen.
   - In eine Kasserolle legen und aufbewahren.
2. *Die Garnitur:* Möhren, Lauch, Zwiebel und Sellerie in Stücke schneiden (Mirepoix).
   - Das Kräutersträußchen binden.

Zubereitung:

10 g Butter in einer Kasserolle erhitzen, das Gemüse (Mirepoix) hineingeben und auf sanftem Feuer mit einem Holzlöffel 4 bis 5 Minuten umrühren.

● Mit dem Weißwein ablöschen, einkochen lassen und mit dem Geflügelfond aufgießen.

- Weiter kochen lassen, die Schnecken und das Kräutersträußchen hineingeben.
- Leicht salzen.

20 Minuten kochen lassen und dann vom Feuer nehmen.

Vollenden:

Die Brühe in einer kleinen Kasserolle stark aufkochen lassen, die Butter in kleinsten Stücken zufügen und energisch mit dem Schneebesen rühren, dann die Brühe über die Schnecken gießen.

Anrichten:

Die 10 Schnecken in tiefe Teller geben, die Bouillon darübergießen und das grob gehackte Basilikum oder den Kerbel darüberstreuen.
Sind die Schnecken noch nicht ganz untergetaucht, legt man auf jede zwei Körner grobes Salz.

Krebsschwanz-Töpfchen

Zubereitungszeit: 1 Stunde
Kochzeit: 10 Minuten

Zutaten für 4 Personen:

80 Krebse, d. h. ungefähr 3,5 Kilo
15 cl Sancerre-Weißwein
2 Liter Würzbrühe (siehe Rezept Seite 28)
140 g Butter
$^1/_4$ Zitrone
4 Estragon-Blätter
1 Zweig gewöhnlicher Petersilie
Salz, Pfeffer
1 ungeschälte Knoblauchzehe

Vorarbeiten – Kochen:

1. Die Krebse müssen noch leben, das ist eine Regel, von der es keine Ausnahme gibt.
   – In einer Kasserolle mit hohem Rand die Würzbrühe aufkochen lassen.
2. Nachdem man die Krebse gut gereinigt hat, wirft man sie im Block in die Flüssigkeit und läßt sie 3 Minuten offen ziehen.
3. Die Kasserolle vom Feuer nehmen, sie etwas abkühlen lassen, und die Krebse entschälen, indem man das Schwanz-Fleisch beiseite legt, nachdem man die Schale abgenommen hat.

Vollenden:

In eine flache Kasserolle gibt man die Gemüse, die man aus dem Sud mit einem Schaumlöffel nimmt, man läßt jedoch den Knoblauch und das Kräutersträußchen beiseite.
Mit dem Weißwein (Sancerre) auffüllen und auf großer Flamme bis zur Hälfte einkochen lassen.
Dann die Butter in kleinen Stücken einarbeiten, dabei lebhaft kochen lassen.
Vom Feuer nehmen, sobald die Sauce die Konsistenz zerlassener Butter hat.
Jetzt die Krebsschwänze hineingeben, den Saft einer viertel Zitrone und den gehackten Estragon. Mit Salz und Pfeffer abschmecken.
Noch zwei Minuten leicht ziehen lassen, aber auf keinen

Fall mehr kochen, nur, damit die Krebse heiß und weich bleiben.

Anrichten:

Die Krebse in 4 individuelle Töpfe geben, die Möhren und die Zwiebeln darüber anordnen, mit einigen Petersilienblättern bestreuen.

Schinken-Crêpes mit Käse

Zubereitungszeit: 45 Minuten
Kochzeit: 20 Minuten

Zutaten für 4 Personen:

70 g gekochter Schinken
70 g geräucherter Schinken
20 cl Crème double
20 g Schweizer Käse
Salz, Pfeffer

Für die Crêpes:
50 g Mehl
1 Ei
12 cl Milch
15 g Butter
Salz

Vorarbeiten:

1. *Die Crêpes:* In eine Salatschüssel das Mehl, das Salz, das Ei geben, mit einem kleinen Schneebesen vermischen und nach und nach die Milch einarbeiten.
   - Die Masse durch ein feines Spitzsieb passieren.
   - In einer kleinen Pfanne Butter zerlassen und dabei vorsichtig umrühren.
2. Den Schinken von seinem Fett befreien und in sehr feine Scheiben schneiden (vom Metzger machen lassen).
3. Den Käse in feine Streifen schneiden.
4. In einer kleinen Kasserolle die Sahne aufkochen lassen, vom Feuer nehmen, mit Salz und Pfeffer würzen.
5. In kleinen Pfannen von ungefähr 12 cm Durchmesser bereitet man ungefähr 10 Crêpes zu.

Zubereitung:

In einer hohen Form, dem Durchmesser der Crêpes entsprechend, schichtet man nacheinander einen Crêpe, eine Scheibe gekochten Schinken, 1 Löffel voll Sahne, 1 Crêpe, 1 Scheibe Räucherschinken, 1 Löffel Sahne, 1 Crêpe usw., bis die Zutaten verbraucht sind.

Vollenden:

● Für 15 Minuten in den auf 200 Grad vorgewärmten Ofen schieben, anschließend auf eine Anrichte-Platte stürzen.

- Nun mit Käse bedecken und unter dem Grill des Ofens gratinieren.

Anrichten: Mit Hilfe des Brotmessers in 4 Teile schneiden. Dann sofort servieren.

Frösche in Champagner

Zubereitungszeit: 20 Minuten
Kochzeit: 12 Minuten

Zutaten für 4 Personen:

24 Frösche
30 cl Crème double
60 g Butter
15 cl Champagner, blanc de blancs
1/4 Zitrone
2 Schalotten
1 Knoblauchzehe
Petersilie, Salz, Pfeffer

Vorarbeiten:

1. *Die Frösche:* Die beste Saison für Frösche ist der Frühling.
   - Da man sie fertig (meistens am Spieß) kaufen kann, brauchen wir hier nicht von der schwierigen Methode, sie zu töten, zu sprechen.
   - Man zieht die Frösche vom Spieß, schneidet mit der Schere den vorderen Teil und die Füße der Hinterbeine ab.
2. Die Schalotte fein hacken, ebenso Knoblauch und Petersilie.
3. Die Frösche salzen und pfeffern, sie in Mehl wälzen und sie auf ein horizontales Sieb legen.

Zubereitung:

- In einer großen Pfanne Butter erhitzen, bis sie bräunlich geworden ist, die Frösche, ohne daß sie sich pressen, hineinlegen, mit dem Bauch nach unten.
- Sobald sie goldbraune Farbe angenommen haben, wenden. Ist auch die andere Seite braun, muß die Butter fast absorbiert worden sein.
- Die Frösche warm stellen.
- In der gleichen Pfanne die gehackte Schalotte 30 Sekunden lang anschwitzen lassen und dann mit dem Champagner ablöschen.
- Bis auf 3/4 der Flüssigkeit einkochen lassen und dann die Sahne zugeben.
- Mit dem Schneebesen heftig schlagend aufkochen lassen,

dann weiterhin 1 oder 2 Minuten kochen lassen, um eine gebundene, aber nicht dicke Sauce zu erhalten.

- Die Anrichte-Platte mit den warm gestellten Fröschen auf das Feuer setzen und mit der Sauce begießen.
- Knoblauch, Petersilie hinzufügen und mit Salz und Pfeffer abschmecken.
- Noch eine Minute ziehen lassen.
- Nun erst den Zitronensaft (1/4 Zitrone) zugeben und sofort sehr heiß servieren.

Kalbsbries in Blätterteig-Kästchen

Zubereitungszeit: 1 Stunde
Kochzeit: 40 Minuten

Zutaten für 4 Personen:

600 g Kalbsbries
1 Liter weißer Geflügelfond (siehe Rezept Seite 22)
1 Eßlöffel Mehl
250 g Blattspinat
1 Ei
1 Kräutersträußchen
1 Zwiebel
1 Möhre
1 geschälte Knoblauchzehe
2 cl Weißwein
1/4 Liter Crème double
200 g Blätterteig (siehe Rezept Seite 32)
oder fertiger, tiefgefrorener Blätterteig
1/4 Zitrone
Salz, Pfeffer

Vorarbeiten:

1. Sehr weißes und ganz frisches Kalbsbries kaufen.
   - 5 bis 6 Stunden unter kaltem Wasser ausschlemmen.
   - Reichlich kaltes Wasser in eine große Kasserolle füllen, das Kalbsbries hineingeben, sehr langsam erhitzen, 5 Minuten kochen lassen.
   - Dann herausnehmen und unter kaltem Wasser abschrecken.
   - Abtropfen lassen. Die beiden Lappen voneinander trennen, also den langen Teil von der runden Nuß.
   - Die Häute abziehen und die Parüren (Abfälle) wegwerfen.
2. Den Spinat auf klassische Art kochen (siehe Rezept Seite 205).
3. Möhre und Zwiebel in kleine Scheiben schneiden.

Zubereitung:

- Eine Kasserolle mit dickem Boden wählen, die so groß ist, um das Bries und die anderen Zutaten aufzunehmen.
- Die Karotten- und Zwiebelscheiben sowie das Kräutersträußchen auf den Boden legen.

- Das Kalbsbries daraufgeben, 10 Minuten schwitzen lassen, bevor man mit dem Weißwein aufgießt. Kochen lassen bis zum fast gänzlichen Verdampfen.
- Nun den Geflügelfond zugeben, die Kasserolle zudecken und 40 Minuten kochen lassen.
- Das Bries herausnehmen und abkühlen lassen.
- Während der Kochzeit in einer Kasserolle einen Roux mit der Butter und dem Mehl zubereiten, dann mit dem Kochsud aufgießen.
- 20 Minuten kochen lassen, die Sahne zufügen, 2 Minuten kochen lassen und vom Feuer nehmen.

Der Blätterteig:

Den fünftourigen Blätterteig einige Minuten kalt stellen, dann dünn rollen zu einer Dicke von 1 knappen Zentimeter. Um das zu erreichen, mit der Kuchenrolle in alle Richtungen unter leichtem Druck flach rollen.
Vier Rechtecke von 6 x 8 cm mit einem Messer ausschneiden und sie auf eine leicht angefeuchtete Platte legen.
Das ganze Ei in eine Schale schlagen und damit die Oberfläche des Teigs mit einem Pinsel einreiben.
Den Ofen auf 180 Grad vorwärmen, 20 Minuten backen lassen und dann noch einmal 20 Minuten warm stellen.

Vollenden:

Das Bries mit der Hand zerteilen, indem man es zwischen Daumen und Handfläche drückt. Dabei trennen sich ganz von alleine die Teile, die von der Haut zusammengehalten wurden.
Das Bries in eine Kasserolle geben, die Sauce darüberschütten, mit Salz und Pfeffer abschmecken, den Saft einer viertel Zitrone hinzufügen.
Die Knoblauchzehe auf eine Gabel spicken, den Spinat in brauner Butter erhitzen und mit dieser Gabel vorsichtig umrühren.

Anrichten:

Die Blätterteigstücke auf 4 Teller verteilen.
Am oberen Teil des Blätterteigstückes ziehen, um je einen Deckel zu gewinnen.
Den überschüssigen, weicheren Teig entfernen und statt dessen Spinatblätter daraufgeben.
Das Kalbsbries zu gleichen Teilen auf die 4 Stücke geben.
Die Deckel darauflegen und sofort servieren.

Geschmorte Burgunderschnecken

Zubereitungszeit: 1 Stunde
Kochzeit: 4 Stunden

Zutaten für 4 Personen:

40 Schnecken
10 cl Weißwein
1/2 Möhre
1/2 Zwiebel
1 nicht geschälte Knoblauchzehe
1 kleines Kräutersträußchen
10 zerdrückte Pfefferkörner
2 Nelken-Stangen
grobes Salz

Für die Schnecken-Butter:
100 g Butter
1 Knoblauchzehe
1 Schalotte
10 g Petersilie
10 g Salz
1 g Pfeffer

Vorarbeiten:

1. *Die Schnecken:* Wenn es geschlossene Winterschlaf-Schnecken sind (von November bis März), wendet man die gleiche Zubereitungsart an wie für die Brühe (siehe Rezept Seite 68, Punkt 1). Handelt es sich um »laufende Schnecken« (von März bis April), wässert man sie 12 Stunden anstatt 2 Stunden.
2. *Die Garnitur:* Die Möhre schälen, die Zwiebel mit zwei Nelken spicken, das Kräutersträußchen binden.
3. *Die Butter:* Die Butter warm stellen und weich werden lassen, die Petersilie hacken, die Schalotte in feine Streifen schneiden, den Knoblauch zerdrücken.
   – Diese 3 Elemente mit der weichen Butter vermischen, mit Salz und Pfeffer würzen, durch ein Sieb streichen.

Zubereitung:

- Die Schnecken in eine große Kasserolle geben, die Garnitur, den Weißwein und den Pfeffer zufügen.
- Mit Wasser – um ein Drittel des Volumens der Produkte

mehr – bedecken, mit 8 g grobem Salz würzen, aufkochen lassen und den an die Oberfläche steigenden Schaum mit der Schaumkelle abnehmen.

- Danach die Kasserolle auf die Ecke der Herdplatte stellen und zudecken.
- Nun soll die Flüssigkeit 3½ Stunden nur noch leicht brodeln.
- Sind die Schnecken gar, gibt man sie mit der Kochflüssigkeit in eine Terrine.

Vollenden:

5 Minuten vor dem Service die Schnecken abtropfen lassen, sie mit 4 Eßlöffel Kochsud schmoren, bis die Flüssigkeit auf das Volumen eines guten Eßlöffels eingekocht ist.
Dann die Butter in kleinen Stücken zugeben und auf großem Feuer kochen lassen, indem man mit einem Holzlöffel umrührt.
Durch die schmelzende Butter entsteht nun eine gebundene Sauce.

Anrichten:

Die Schnecken in 4 kleine Töpfchen geben, die man sehr heiß vorgewärmt hat, dazu die Sauce, die man mit einem flachen Saucenlöffel ißt.

Mit Sellerie gebratene Entenleber

Zubereitungszeit: 30 Minuten
Kochzeit: 2 Minuten

Zutaten für 4 Personen:

500 g rohe Leber von der Stopfente
30 g Trüffel
5 cl Trüffelsaft (Saft aus der Dose oder Kochsud)
25 cl Demi-Glace (siehe Rezept Seite 24)
5 cl roter Portwein
200 g Sellerieknolle
40 g Butter
Salz, Pfeffer

Vorarbeiten:

1. *Die Entenleber:* Am Tag vorher gibt man sie für 1 Minute in kochendes Salzwasser.
   - Im Kochwasser kalt stellen.
     Am nächsten Tag trennt man die beiden Lappen, wobei man darauf achtet, daß keine grünen Reste von der Galle daranbleiben.
   - Man taucht ein Messer in heißes Wasser und schneidet die Leber in Scheiben von 1½ cm Dicke.
   - Man legt die Scheiben auf eine Platte, die man mit Alu-Folien abdeckt. Kalt stellen.
2. *Sellerieknolle:* Sehr dick schälen und in kleine Stäbchen von 3 cm Länge schneiden, sie dann in Stücke von der Größe einer Knoblauchzehe ausschneiden, sie abbrühen und in der gleichen Kasserolle kochen.
   - Man achte darauf, daß die Stücke ziemlich fest bleiben, was man feststellen kann, indem man sie zwischen zwei Fingern preßt.
   - Unter kaltem Wasser abschrecken und abtropfen.
3. *Die Sauce:* Die Trüffel in kleine Stücke schneiden.
   - In einer mittelgroßen Kasserolle erhitzt man 5 g Butter und läßt die Trüffel zwei Minuten angehen.
   - Dann mit dem Portwein ablöschen, einkochen lassen und den Trüffelsaft mit der Demi-Glace auffüllen, das Ganze 10 Minuten ziehen lassen.
   - Währenddessen den Schaum, der nach oben steigt, mit einer Kelle abschöpfen.

Im letzten Augenblick 25 g Butter in die Sauce einarbeiten, abschmecken, den Sellerie zugeben, den man vorher leicht angebraten hat.

Vollenden: Eine Pfanne auswählen, die groß genug ist, um alle Bestandteile aufzunehmen; den Rest der Butter auf starker Flamme erhitzen, die Leber hineingeben, im Inneren mit Salz und Pfeffer würzen.
Auf jeder Seite 1 Minute braten.

Anrichten: Die Scheiben auf 4 Teller verteilen und mit der noch kochenden Sauce übergießen. Die Selleriestücke darauf verteilen.

Warme Austern mit Meeresschnecken*

Zubereitungszeit: 40 Minuten
Kochzeit: 20 Minuten

Zutaten für 4 Personen:

12 Belon-Austern (flache Austern)
12 Portugaises (bauchige Austern)
144 Meeresschnecken
2 Möhren
1 Zweig Staudensellerie
1 Zwiebel
220 g Butter
5 cl Spirituosen-Essig
½ Zitrone
Thymianzweig
Salz, Pfeffer

Vorarbeiten:

1. *Die Austern:* Zuerst die Belon-Austern öffnen.
   - Man öffnet die Belons über einer kleinen Kasserolle, löst die Auster heraus und läßt sie mit ihrem Meereswasser in die Kasserolle fallen – darauf achten, daß die verschiedenen Fremdkörper nicht hineingeraten.
   - Dann macht man das gleiche mit den Portugaises.
   - Die leeren Schalen legt man in zwei tiefe Teller.
2. *Die Meeresschnecken:* Eine Würzbrühe aus der Möhre und der Zwiebel (beide feingeschnitten), dem Sellerie und Thymianzweig mit grobem Salz, Spirituosen-Essig und 1 Liter Wasser herstellen.

Aufkochen lassen und dann 15 Minuten weiterkochen.

● Die Meeresschnecken waschen, sie in die Kasserolle geben, aufkochen lassen, abschäumen und dann 3 Minuten weiterkochen lassen. Vom Feuer nehmen.

* *Anmerkung des Herausgebers:* Im französischen Originaltext nennen die Brüder Troisgros diese Schnecken »bigorneaux«. Es sind kleine Meeresschnecken in einer schwarzen, runden Schale. Sie kommen an den Küsten der Normandie, der Bretagne, der britischen Inseln, Amerikas und Australiens vor. In deutschen Gourmet-Restaurants werden sie oft als »amuse-gueule« (Appetithappen) gereicht.

- Man läßt sie so weit erkalten, bis man sie in die Hände nehmen kann. Mit Hilfe einer feinen Nadel nimmt man das Tier aus dem Gehäuse. Man entfernt den Darm, also den schwarzen Teil am hinteren Ende des Tieres. In einem Gefäß aufbewahren.

Die Butter:

- 10 cl Sud von den Schnecken in eine kleine Kasserolle schütten. Erhitzen und die Butter in kleinen Stücken mit dem Schneebesen einarbeiten, bis man eine homogene Sauce erhält.
- Mit Pfeffer abschmecken und den Saft einer halben Zitrone zugeben.

Das Kochen:

- Die Austern in ihren Kasserollen erhitzen, jedoch das Wasser nicht über 60 Grad bringen (das dauert bei mittlerer Hitze nicht länger als 2 Minuten).

Anrichten:

Die leeren Schalen in den Ofen legen, herausnehmen, wenn sie heiß sind, und eine entsprechende Auster in die Schale legen.
Mit Sauce bedecken und die Meeresschnecken in die Austernschalen verteilen. Jetzt alles noch einmal für 20 Sekunden in den Grill stellen und dann 3 Austern von jeder Sorte auf einen Teller legen. Heiß servieren.

Zander-Torte

Zubereitungszeit: 45 Minuten
Kochzeit: 30 Minuten

Zutaten für 4 Personen:

1 Zander von 700 g Gewicht
4 ganze Eier
4 cl Crème double
3/4 l Würzbrühe (siehe Rezept Seite 28)
300 g feiner Auslegeteig (siehe Rezept Seite 30)
Salz, Pfeffer

Vorarbeiten:

1. *Der Zander:* Ausnehmen, die Filets abnehmen und mit der Haut nach unten in eine Kasserolle mit flachem Rand legen.
   - Mit Würzbrühe bedecken, salzen und auf sanftem Feuer 3 Minuten ziehen lassen.
   - Die Filets herausnehmen, abkühlen und abtropfen lassen.
   - Die Haut abnehmen und mit ihr einen Service-Teller auslegen.
2. *Tortenboden:* Den Arbeitstisch oder das Arbeitsbrett mit etwas Mehl bestäuben und den Teig rund auslegen (26 cm Durchmesser).
   - In eine runde Tortenform mit 20 cm Durchmesser und Metallboden legt man den Teig in die Mitte.
   - Den Ring der Kuchenform abnehmen, den Teig von der Mitte her rollen, den überschüssigen, über den Rand der Unterlage hinausgehenden Teig abschneiden, den Rand aufsetzen und den Teig an dem Rand hochdrücken.
   - Den Boden mit einer Gabel durchlöchern, die trockenen Gemüse in ein Schwefelpapier hüllen, auf den Tortenboden legen, den Ofen auf 180 Grad vorwärmen und 10 Minuten backen lassen.
3. *Die Masse:* In eine Schüssel die Sahne, die Eier, das Salz, den Pfeffer geben, alles gut mit einem kleinen Schneebesen verrühren, durch ein feines Spitzsieb in ein anderes Gefäß passieren.
4. *Endfertigung:* Das Schwefelpapier mit der Gemüse-

Garnitur aus der Torte nehmen, das Zanderfleisch auf den Boden legen, die Form auf die Ofentür setzen und die Masse in das Innere schütten.

Backen:

● Den Ofen auf 160 Grad einstellen, 15 Minuten lang geschlossen backen lassen, herausnehmen und 5 Minuten ausruhen lassen.

Anrichten:

Die Torte auf eine runde Platte schieben, den Ring abnehmen und sofort servieren. Man gibt dazu eine zerlassene Butter.

Trüffel-Ragoût in Blätterteig

Zubereitungszeit: 30 Minuten
Kochzeit: 20 Minuten

Zutaten für 4 Personen:

250 g roher oder tiefgefrorener Blätterteig (siehe Rezept Seite 32)
200 g frische oder konservierte Trüffel
10 g gekochte frische Leber von der Stopfgans
10 cl Trüffelsaft
2 cl Cognac
20 g Butter
25 cl Crème double
1 Ei
1 Schalotte
Salz, Pfeffer

Vorarbeiten:

1. *Die Hülle:* Der Blätterteig muß gut ausgeruht und fest sein. Mit der Kuchenrolle auf Marmor oder einem sehr kalten Tisch ausrollen. Er soll ungefähr 6 cm dick werden. Mit einer Ausstech-Form oder einem Glas sticht man zwei Kreise von 4 cm Durchmesser aus, teilt diese Kreise in zwei Hälften, um so vier Blätter zu erhalten. Man legt sie auf ein leicht angefeuchtetes Backblech.
   - Das ganze Ei in einer Schale schlagen, einen Pinsel hineintauchen und die Oberfläche des Teigs bestreichen. Darauf achten, daß das Ei nicht über den Rand läuft (sonst würde es beim Backen das Aufgehen des Teiges verhindern).
   - Mit dem Rücken eines kleinen Messers zeichnet man auf jedes Blättchen eine Dekoration, indem man den Teig leicht 1 mm tief einritzt.
   - In den auf 180 Grad vorgewärmten Ofen schieben, die Tür schließen.
   - 15 Minuten backen lassen. Man erhält jetzt sehr lockere Blättchen, die man warm stellt.
2. Die Trüffel in Stäbchen von 4 cm Breite und je 5 g Gewicht schneiden.
3. Die Schalotte fein hacken.
4. Die gekochte Gänseleber durch ein Sieb drücken.

Zubereitung:

- Eine flache Kasserolle aufs Feuer stellen, die Butter hineingeben und, sobald sie geschmolzen ist, die Schalotte anschwitzen, bis sie Farbe nimmt.
- Die Trüffel zugeben, mit Salz und Pfeffer würzen, die Kasserolle für 2 Minuten zudecken, dann den Deckel abnehmen und mit Cognac ablöschen. Den Trüffelsaft zuschütten und aufkochen lassen.
- Nun die Sahne zugeben, auf der Ecke der Herdplatte ziehen lassen, bis man eine leicht angedickte Sauce erhält.
- Nun heftig mit dem Schneebesen schlagen, mit der durchgesiebten Gänseleber binden, abschmecken.

Vollenden:

Mit der Spitze eines kleinen Messers die Blätterteigstücke öffnen, sie auf 4 heiße Teller legen und zu gleichen Teilen mit dem Ragoût garnieren, das ein wenig über die Ränder hinauslaufen darf.
Sofort servieren.

Roher Lachs und Petersfisch mit Stockfisch-Salz

Zubereitungszeit: 15 Minuten

Zutaten für 4 Personen:

200 g frische Lachsfilets
200 g frische Peters-Fisch-Filets
16 cl kaltgeschlagenes Olivenöl
1 Zitrone
4 Blätter Estragon
1 Zweig Petersilie
8 weiße, zerdrückte Pfefferkörner
32 Koriander-Körner
60 g fest getrockneter Stockfisch

Die Fischfilets:

4 eiskalte Teller bereitstellen. Man nimmt ein Messer mit weicher Klinge, schneidet die Fischfilets in sehr feine Scheiben. Darauf achten, daß weder Haut noch andere Abfälle daranbleiben. Man ordnet sie auf den 4 Tellern so an, daß die Farben abwechseln. Für das Auge wird der Eindruck angenehm, wenn die Filets wellenförmig auf dem Teller liegen.

Das Würzen:

1. *Stockfisch-Salz:* Man wählt ein Stück sehr trockenen Stockfisch aus, reibt ihn auf einer Käse-Reibe und passiert das Geriebene noch einmal durch ein horizontal gespanntes Küchensieb.
   – Das so gewonnene Salz streut man über die Fischfilets.
2. Die Oberfläche der Filets mit Zitronensaft beträufeln, indem man die Teller etwas hin und her rüttelt.
3. Den Pfeffer darüberstreuen und anschließend für jeden Teller 8 Korianderkörner daraufgeben.
4. Mit dem gehackten Estragon bestreuen und die Petersilienstengel hübsch darauf anordnen.
   – Für 15 Minuten kalt stellen.

Vollenden:

Indem man jeden Teller etwas neigt, läßt man Olivenöl über die Filets laufen, so daß sie gleichmäßig mit dem Öl beschichtet werden.

– Dann sofort zusammen mit gegrilltem Landbrot servieren.

Trüffel-Soufflé

Zubereitungszeit: 25 Minuten
Kochzeit: 10 Minuten

Zutaten für:
4 Personen:

140 g Trüffel aus der Dose (oder frisch in der Saison)
10 cl Trüffelsaft
40 g Mehl
80 g Butter
1/4 Liter Milch
4 Eier
Salz

Vorarbeiten:

1. Auf sanftem Feuer in einer kleinen Kasserolle 60 g Butter schmelzen lassen, das Mehl zugeben.
   - Mit dem Schneebesen rühren und 3 Minuten erhitzen, ohne daß die Masse Farbe annimmt.
   - Nach und nach diesen Roux mit Milch und Trüffelsaft vermischen, lebhaft schlagen, um ein Gerinnen zu verhindern.
   - Leicht salzen.
   - Bis zum Aufkochen ständig rühren.
   - Dann die Kasserolle auf die Ecke der Herdplatte setzen und 20 Minuten so ziehen lassen, daß die Sauce nicht mehr kochen kann.
   - Wir empfehlen, den Topf auf der einen Seite mit einem kleinen Eisenstück oder einem Haken so abzustützen, daß er leicht angehoben wird.
   - Ist die Sauce fertig, passiert man sie durch ein Sieb in eine andere, größere Kasserolle, indem man mit dem Schneebesen durchrührt.
2. *Die Trüffel:* Auf einer »Mandoline« 4 schöne Trüffelscheiben schneiden und sie bereitstellen.
   - 100 g Trüffel in kleine Würfel schneiden und sie der Sauce beigeben.
   - 4 Auflaufformen oder feuerfeste Schalen mit 20 g der verbliebenen Butter ausstreichen und mit dem Rest der gehackten Trüffel auslegen.
   - Verwendet man in der Trüffel-Saison frische Trüffel, so verfährt man wie folgt: 150 g Trüffel mit 2 cl Cognac,

4 cl Weißwein und 20 cl Wasser, Salz und Pfeffer 20 Minuten lang dünsten.
– Dann erkalten lassen und anschließend so verfahren wie mit den konservierten Trüffeln.

3. *Das Eiweiß:* Die 4 Eiweiß in eine Kupferschüssel geben oder einen automatischen Quirl benutzen. Eine Messerspitze feines Salz zufügen und das Weiß so lange schlagen, bis es steif ist.

Vollenden:

- Ist das Eiweiß steif, das Eigelb in die heiße Sauce geben, heftig rühren, 1/4 des Eiweißes zufügen und gut von neuem vermischen.
- Dadurch wird die Masse weicher und erleichtert die Einarbeitung des Restes, den man zugibt, indem man die Masse mit einem Spachtel teilt, um nach und nach eine einheitliche Masse zu erhalten.
- Nun füllt man die Formen bis zu 4/5 ihrer Höhe.
- Für zwei Minuten auf ein Backblech stellen, den Ofen auf 200 Grad erhitzen, das Backblech hineinschieben und die Tür schließen.
- Das 10 Minuten dauernde Backen sollte überwacht werden.
- Mit einer Trüffelscheibe dekorieren und sofort servieren.

Cantal-Käsetorte

Zubereitungszeit: 25 Minuten
Kochzeit: 20 Minuten

Zutaten:

150 g Blätterteig (siehe Rezept Seite 32)
180 g Cantal-Käse
300 g Tomaten (3 Stück)
4 cl kaltgeschlagenes Olivenöl
1 Teelöffel Estragon-Senf
Salz, Pfeffer

Vorarbeiten:

1. *Tortenboden:* Den Teig mit einer Kuchenrolle zu einem Kreis von 26 cm Durchmesser ausrollen.
   - Den Torten-Ring von 20 cm Durchmesser auf den leicht angefeuchteten Metallboden setzen und den Teig hineinlegen.
   - Den Teigrand zwischen Daumen und Zeigefinger anheben.
   - Die Ränder müssen im Inneren des Randes der Form bleiben, damit man sie nicht zerstört, wenn man die Torte nach dem Backen aus der Form nimmt.
   - Den Boden mit einer Messerspitze leicht durchlöchern und dann kalt stellen.
2. *Die Tomaten:* Mittelgroße, gleichmäßig runde Tomaten auswählen. Die Tomaten in der Mitte teilen und Scheiben von 1 cm Dicke schneiden, die Parüren (Haut und Kerne) entfernen:
   - Ohne die Scheiben zu zerstören, das Wasser, die Stiele und die Körner herausdrücken.
   - Die Tomatenscheiben auf eine Platte legen, sie mit Salz und Pfeffer würzen und mit Olivenöl beträufeln. So läßt man sie ziehen, indem man sie zwei- oder dreimal wendet.
3. *Der Käse:* Die Rinde abschneiden, Scheiben von 6 mm Dicke schneiden.

Zubereitung:

- Den Boden der Torte mit Senf bestreichen, mit Käsescheiben bedecken und darauf die Tomatenscheiben legen.

- Das Ganze mit der Marinade von den Tomaten würzen.
- Den Ofen auf 180 Grad erhitzen und geschlossen 20 Minuten backen lassen.

Danach 15 Minuten ruhen lassen. Auf eine runde Platte schieben, den Tortenring abnehmen und die Torte in 4 Teile schneiden.

– Man kann sie heiß essen, aber wir ziehen es vor, sie lauwarm nach 15 Minuten Abkühlungszeit zu servieren.

Gemüse-Terrine »Olympe«

Zubereitungszeit: 2 Stunden
Kochzeit: 30 Minuten

Zutaten für 8 Personen:

250 g feine grüne Bohnen
6 mittelgroße Artischocken
300 g junge Möhren
300 g feine frische Erbsen (in der Saison) oder tiefgefrorene Erbsen
8 Weinblätter oder, hat man sie nicht zur Verfügung,
4 Zitronen (ungespritzt)
100 g Butter
Salz

Für die Farce:
250 g halbgesalzener, gekochter Schinken
12 cl Erdnußöl
Saft einer Zitrone
1 Weißes vom Ei
4 g Salz
2 g Pfeffer
kalte Tomatensauce (siehe Rezept Seite 40)

Vorarbeiten:

1. In reichlich Salzwasser die grünen Bohnen und die feinen Erbsen getrennt halbgar kochen.
2. Die Artischockenböden in gleichmäßige Stücke schneiden.
   – Eine Kasserolle nehmen, die groß genug ist, damit die Stücke nebeneinanderliegen können.
   – Butter in dieser Kasserolle erhitzen und die Artischocken 7 bis 8 Minuten schwitzen lassen.
   – Mit gesalzenem Wasser bedecken und mit einem Stück Schwefelpapier zudecken.
   – In der verschlossenen Kasserolle auf sanftem Feuer 20 Minuten kochen lassen.
   – Abkühlen lassen, das Heu entfernen und die Artischockenböden gut parieren.
3. Die Möhren im Stück in Salzwasser gar kochen.

Die Farce:

Den Mixer in den Kühlschrank stellen, damit er bei Verwendung sehr kalt ist.

Den Schinken von Fett und Sehnen befreien, in kleine Stücke schneiden und 30 Minuten in große Kälte legen.

Den Mixer herausnehmen, das Schinkenfleisch und das Eiweiß zugeben, mit Salz und Pfeffer würzen.

Im Schnellgang des Mixers jetzt nach und nach den Zitronensaft und das Erdnußöl einarbeiten.

Dieser Vorgang muß sehr schnell abgeschlossen werden, damit die Farce nicht warm wird.

Zubereitung der Terrine:

- Eine rechteckige Form von 22 cm Länge und 12 cm Breite und 6 cm Höhe auswählen.
- Boden und Seiten mit Weinblättern oder mit frisch geschälten Zitronenscheiben auslegen.
- Man füllt nun die Terrine mit den kalten Gemüsen: eine feine Scheibe Farce auf den Boden, darauf eine Reihe Möhren legen, dann in aufeinanderfolgenden Schichten grüne Bohnen, Artischockenstücke und feine Erbsen, indem man jede Schicht von der anderen nach Farbe trennt.
- Ein Schwefelpapier buttern und damit die Terrine abdecken, ein Wasserbad im Ofen auf 150 Grad erhitzen, die Terrine hineinstellen und 30 Minuten garen lassen.
- Danach die Terrine herausnehmen und für mindestens 8 Stunden kalt stellen.

Anrichten:

Die Terrine stürzen.

Auf sehr kalte Teller gibt man eine Kelle kalte Tomatensauce (siehe Rezept Seite 40) und legt darauf je 2 Scheiben Gemüseterrine von $1^1/_2$ cm Dicke.

Kartoffel-Torte

Zubereitungszeit: 40 Minuten
Kochzeit: 45 Minuten

Zutaten für 4 Personen:

300 g Kartoffeln
150 g Kalbsfilet
10 cl Crème double
20 g Butter
2 Schalotten
10 Schnittlauch-Stengel
1 Zweig Kerbel
1 Ei
Salz, Pfeffer
250 g Blätterteig (siehe Rezept Seite 32)

Dieses Gericht wurde von einem alten Rezept aus der Bourbonenzeit abgeleitet, der Tartouffe-Pastete.

Vorarbeiten:

1. Die Kartoffeln schälen und waschen, dann auf einer »Mandoline« in runde Scheiben von $1/2$ cm Dicke schneiden und sie in einem Gefäß in Reihe legen.
2. Das Kalbsfilet sorgfältig parieren und in feine längliche Scheiben schneiden.
3. Die Schalotten fein hacken und sie 2 Minuten in Butter anschwitzen.
   - Den Schnittlauch mit der Schere fein schneiden und die Kerbelblätter abrupfen.
4. Auf das Kalbfleisch die Schalotten, den Schnittlauch und und den gehackten Kerbel geben und mit Salz und Pfeffer würzen.
5. Auf dem Küchentisch oder einem großen Brett 2 runde Scheiben Blätterteig vorbereiten, 1 Scheibe größer als die andere, die eine mit etwa 18 cm und die andere 22 cm Durchmesser.
6. Den kleineren Blätterteig legt man jetzt auf ein angefeuchtetes Backblech, darauf die Kartoffeln mit ihrer Garnitur. 2 cm Rand freilassen!
   - Diesen Rand befeuchten und die zweite Schicht Blätterteig darauflegen.

- Die Ränder nun fest aneinanderdrücken, damit die Torte hermetisch abgeschlossen wird.
- Das Ei in einer Schale schlagen und mit einem Pinsel die ganze Oberfläche bestreichen.
- Obenauf einen Kreis von 10 cm Durchmesser zeichnen und mit einem Messerrücken nach Geschmack dekorieren.

Backen:

- ● Den Ofen auf 200 Grad vorwärmen und 30 Minuten geschlossen backen.
- ● Die Sahne in einer kleinen Kasserolle erhitzen.
- ● Aus dem Ofen nehmen, den Blätterteigdeckel abnehmen, indem man den vorher gemachten Kreis mit dem Messer ausschneidet. Die heiße Sahne hineingießen, wobei man leicht die Kartoffeln anhebt, damit die Sahne aufgenommen wird.
- ● Den Blätterteighut wieder aufsetzen und noch einmal 15 Minuten in den Ofen schieben.
- ● Herausnehmen und etwa 15 Minuten ausruhen lassen.

Anrichten:

Die Torte auf eine runde Platte schieben und mit Spitzenpapier dekorieren.

- Mit einem großen Kuchenmesser in Stücke schneiden.
- Mit zerlassener Butter oder einem Nußöl-Salat servieren.

Rühreier mit Seeigeln

Zubereitungszeit: 20 Minuten
Kochzeit: 10 Minuten

Zutaten für 4 Personen:

10 Eier
1,5 kg lebende Seeigel
70 g Butter
Salz, Pfeffer

Vorarbeiten:

1. *Die Eier:* Die ganzen Eier in eine Salatschüssel geben, salzen und mit einer Gabel leicht schlagen. Dann 50 g weiche Butter in kleinsten Stücken einarbeiten.

Das Kochen:

– Eine Kasserolle aus verzinktem Kupfer ausbuttern, auf große Flamme stellen und die geschlagenen Eier hineinschütten.
– Unaufhörlich mit einem Holzlöffel in allen Richtungen rühren, um die festen Bestandteile in die Flüssigkeit zu integrieren.
– Wenn die Masse etwas andickt, die Kasserolle vom Feuer nehmen und unaufhörlich weiterführen.
– Da die Kasserolle und die Eier jetzt sehr heiß sind, wird die Garung »ohne Feuer« abgeschlossen.
– Die Eier sollen jetzt eine weiche Konsistenz haben. Leicht pfeffern.

Vorbereiten der Seeigel:

– Ganz frische, schwere, noch mit Meerwasser gefüllte Seeigel bei Ihrem Fisch- und Schalentier-Spezialisten bestellen.
– Auf 3/4 Höhe der Schale auf der hohlen Seite mit der Schere rund einschneiden. Dort befindet sich der Mund des Tieres. Nun den Seeigel umdrehen, um die schwarzen Teile vollständig ablaufen zu lassen und zu entfernen.

Mit einem Löffel löst man jetzt die gelbe Substanz, das sogenannte Corail, ab, das an den Wänden der Schale sitzt.

Die gelben Teile gibt man in eine kleine Kasserolle.

8 oder 12 Schalen, je nach Größe, hebt man auf, wäscht sie sorgfältig aus und legt sie auf eine Platte.

– Die Kasserolle mit dem Seeigel-Mark stellt man auf die

Ecke einer Herdplatte und erhitzt sie, ohne daß es zum Kochen kommt. Nach Erwärmung vom Herd nehmen und 10 g Butter einrühren.

Anrichten: Die Seeigel-Schalen erhitzen, sie mit den Rühreiern füllen und mit dem Seeigel-Mark bedecken.

Omelette im Kresse-Kleid

Zubereitungszeit: 20 Minuten
Kochzeit: 20 Minuten

Zutaten für 4 Personen:

8 Eier
500 g Blattkresse
80 g Butter
1 Schalotte
1 geschälte Knoblauchzehe
Salz, Pfeffer

Zubereitung:

1. *Das Kresse-Kleid:* Die Kresse entstielen und waschen, 24 Blätter für die Dekoration beiseite legen.
   - In einer mittelgroßen Pfanne die Schalotte mit 40 g Butter anschwitzen, die Kresse zugeben, salzen und leicht pfeffern.
   - Die Pfanne zudecken und auf kleinem Feuer 20 Minuten schmoren lassen.
   - Danach die Kresse auf einem Brett ausbreiten und sie mit einem Messer grob zerschneiden.
   - In einer kleinen Kaserolle 20 g Butter leicht anbräunen, die Kresse hinzufügen und mit einer Gabel, auf die man die Knoblauchzehe gespickt hat, umrühren.
   - Abschmecken.
2. *Die Omelette:* Die Eier in eine Salatschüssel geben, sie würzen und mit 10 g Butter in kleinen Stücken sorgfältig schlagen.
   - Den Rest der Butter in einer heißen Pfanne erhitzen.
   - Sobald sie schaumig ist, die geschlagenen Eier daraufgießen, mit einer Gabel schnell umrühren und die bereits fester gewordenen Teile zur Mitte rühren.
   - Die Pfanne weiter erhitzen, damit die Masse fester wird; sie muß jedoch weich bleiben.
   - Dann den Stiel der Pfanne hochheben, damit die Omelette in die gegenüberliegende Ecke rutscht.

Anrichten:

Das Innere einer Platte mit dem Kresse-Kleid auslegen und die Omelette darauflegen, indem man sie einrollt.

Die Oberfläche mit einem Stück Butter bestreichen, um

dem Ganzen eine glänzende Farbe zu geben, mit den Kresse-Blättern, die man mit einer Schaumkelle aus dem kochenden Wasser nimmt, dekorieren.
Sofort servieren.

Harte Eier »Villemont«

Zubereitungszeit: 50 Minuten
Kochzeit: 20 Minuten

Zutaten für 4 Personen:

8 Eier
50 g Butter
15 cl Crème double
10 cl Milch
10 g Mehl
300 g junge Zwiebeln
50 g Mangold
½ rote Pfefferschote
Salz, Pfeffer, Muskatnuß

Vorarbeiten:

1. Die Zwiebeln schälen und in zwei Hälften teilen, auf beiden Seiten (Wurzel und Schößling) einen halben Zentimeter aus folgenden zwei Gründen abschneiden: So vermeidet man den allzu bitteren Geschmack, und außerdem können sich die Ringe gut voneinander lösen.
2. Anschließend so fein und gleichmäßig wie möglich die Zwiebelhälften in Scheiben schneiden.
3. Die Pfefferschote in feine Streifen schneiden.
4. Die Mangoldblätter waschen und in grobe Streifen schneiden.

Das Kochen:

● *Die Sauce:* In einer flachen Kasserolle die Butter erhitzen. Ist sie geschmolzen, die Zwiebel zugeben und 5 Minuten angehen lassen, indem man mit einem Holzspachtel umrührt.
- Zudecken und auf sanftem Feuer 15 Minuten ziehen lassen, die Mangoldblätter zugeben und 5 Minuten schmoren lassen, ohne daß sie Farbe nehmen.
- Dann mit Mehl bestäuben.
- Wieder einige Minuten unter Umrühren kochen lassen.
- Nun die lauwarme Milch nach und nach zugeben und heftig rühren, damit die Mischung nicht gerinnt.
- Mit Salz, Pfeffer und einem Hauch geriebener Muskatnuß würzen.

- Auf sanftem Feuer 20 Minuten kochen lassen.
- Nun die Sahne zugeben und noch einmal aufkochen lassen.
- Abschmecken und eventuell nachwürzen.

● *Die Eier:* Während der Zubereitung der Sauce sich vergewissern, daß die Eier keinen Sprung haben.
Die Methode, das zu prüfen, ist einfach: Man schlage sie nahe beim Ohr sanft gegeneinander.
Hört man das Geräusch von gesprungenem Geschirr, legt man sie beiseite für eine andere Verwendung.

- Sind sie in Ordnung, legt man sie vorsichtig in ein Sieb und taucht es in eine große Kasserolle mit kochendem Salzwasser.
- 9 Minuten kochen lassen und sie dann mit kaltem Wasser abschrecken, damit man sie in die Hand nehmen kann.
- Die Schalen abnehmen und die Eier in eine Kasserolle mit leicht gesalzenem, heißem Wasser geben.

Anrichten:

Dann schneidet man die Eier in zwei Hälften und legt sie auf eine Porzellanplatte, die man in den Ofen schiebt (wegen des Oxydierens keine Silberplatte!).

Mit der Sauce bedecken und 1 oder 2 Minuten bei sanfter Hitze ziehen lassen, dann sofort servieren.

Anmerkung: Hat man keine jungen, frischen Zwiebeln, so empfiehlt es sich, in der Nachsaison die geschälten Zwiebeln 5 Minuten lang abzubrühen (blanchieren).

Eier mit grauen Garnelen

Zubereitungszeit: 30 Minuten
Kochzeit: 3 Minuten

Zutaten für 4 Personen:

8 ganz frische Eier
250 g gekochte graue Garnelen
5 g Butter
1/4 Schalotte

Die Garnelen:

Die Garnelenschwänze auslösen, sie in 3 oder 4 Teile von der Größe eines Reiskornes schneiden.

In einer kleinen Kasserolle die Schalotte in Butter anschwitzen, die Garnelen hinzufügen und gerade eben heiß werden lassen, ohne sie zu bräunen.

Die Eier:

Sich vergewissern, daß sie nicht gesprungen sind. Auf klassische Art 3 Minuten lang in kochendem Wasser garen.

Anrichten:

Das Eierhütchen mit einem feinen, scharfen Messer abschlagen. Das Weiße mit einem kleinen Teelöffel aus dem Hütchen entfernen und durch die gehackten Garnelen ersetzen.

Die Eier in die Eierbecher stellen und den mit Garnelen gefüllten Deckel mit einer schnellen Handbewegung daraufsetzen, damit die Garnelen nicht herausfallen.

Aus einem französischen Weißbrot (Baguette) längliche und glatte Stücke von 5 cm Länge herausschneiden, in denen man die Eier serviert.

Spiegeleier »Paoli«

Zubereitungszeit: 10 Minuten
Kochzeit: 3 Minuten

Zutaten für 4 Personen:

8 frische Eier
25 cl Crème double
60 g gekochter Schinken
20 g Butter
Salz

Vorarbeiten:

1. Den Schinken in kleine Würfel schneiden.
2. In 4 Teller je 2 Eier schlagen, die Teller neigen und, indem man das Gelb zurückhält, das Weiße in eine Salatschüssel geben.
3. Die Sahne mit dem Eiweiß vermischen, salzen und das Ganze mit einem Schneebesen 30 Sekunden lang schlagen. Den Schinken zugeben.

Zubereitung:

- 4 Eier-Teller aus feuerfestem Porzellan nehmen, leicht erhitzen und 5 g Butter in jedem Teller schmelzen.
- Ist die Butter heiß, teilt man die Mischung Eiweiß und Sahne-Schinken auf 4 Platten auf, stellt sie in den auf 200 Grad vorgewärmten Ofen und läßt 1 Minute backen.
- Dann die Platten auf die geöffnete Ofentür zurückziehen und je 2 Eigelb auf jede Platte geben.
- 1 gute Drehung der Pfeffermühle, jedoch nicht salzen.
- Von neuem für 2 Minuten in den Ofen schieben.
- Da man sie auf der Eierplatte serviert, garen die Eier auch nach dem Herausnehmen weiter. Es ist also unbedingt erforderlich, sie im letzten Augenblick zuzubereiten.

Pochierte Eier »Bodin«

Zubereitungszeit: 1 Stunde
Kochzeit: 30 Minuten

Zutaten für 4 Personen:

4 Eier
150 g feine grüne Bohnen
4 kleine Tomaten
30 g Butter
5 cl Weinessig
Thymian
Salz, Pfeffer
$^1/_8$ Brandteig (siehe Rezept Seite 34) oder
4 dicke Stücke Brandteig, die man beim Konditor kauft

Vorarbeiten:

1. *Die pochierten Eier:* Eine Kasserolle mit niedrigem Rand mit Wasser füllen, den Weinessig zugeben, aber vor allem nicht salzen.
   - Wenn das Wasser heftig kocht, die Eier eins nach dem anderen aufschlagen und schnell in die am heftigsten sprudelnde Stelle des Wassers geben.
   - Mit einem Holzspachtel das Weiße um das Eigelb herumlegen.
   - Sobald das gesamte Wasser wieder kocht, die Kasserolle vom Feuer nehmen und 2 Minuten ziehen lassen.
   - Dann mit einem Schaumlöffel die Eier sehr vorsichtig herausnehmen und in ein Gefäß mit lauwarmem Wasser legen.
2. *Die grünen Bohnen:* Salzwasser in einer Kasserolle aufkochen lassen und die grünen Bohnen hineinwerfen. Je nach Größe der Bohnen zwischen 10 und 20 Minuten auf heftigem Feuer kochen lassen.
   - Sie sollen noch knackig bleiben. Sie dann in einem Gefäß mit kaltem Wasser abschrecken. Vorher ein paar Eisstücke hineingeben. Dann abtropfen und durch ein feines Sieb passieren.
3. *Die Tomaten-Sauce:* In einer kleinen Kasserolle die Tomaten zerdrücken, salzen, den Thymianzweig zugeben und ungefähr 20 Minuten kochen lassen.
   - In einen Mixer geben, dann in der Kasserolle noch ein-

mal aufkochen lassen und so lange einkochen, bis eine gebundene Sauce entsteht.

4. *Der Teig:* Mit Hilfe eines Spritzsacks mit Metall-Tülle 4 dicke Kugeln auf ein gebuttertes Blech spritzen und im Ofen bei 180 Grad 20 Minuten lang verschlossen backen (man kann sie sich auch fertig beim Konditor holen und sie bei sanfter Hitze aufwärmen).

Vollenden:

Das Püree von den grünen Bohnen in 15 g hellbrauner Butter erhitzen.

Die Eier einige Minuten in eine Kasserolle mit nicht kochendem, aber heißem Wasser geben.

Die Tomaten-Sauce aufkochen lassen und mit den restlichen 15 g Butter montieren.

Mit Salz und Pfeffer abschmecken.

Anrichten:

Die Teigstücke auf 3/4 ihrer Höhe öffnen und den Deckel aufheben. Den Boden des Teigs mit dem Püree von grünen Bohnen garnieren, die pochierten Eier darauflegen, mit Tomaten-Sauce übergießen und die Deckel aufsetzen.

Sehr heiß servieren.

Pochierte und gefrittete Eier in Gemüse-Püree

Zubereitungszeit: 5 Minuten
Kochzeit: $1^1/_2$ Stunden

Zutaten für 4 Personen:

7 Eier
20 g Butter
4 cl Erdnußöl
5 cl Weinessig
30 cl weißer Geflügel-Fond (siehe Rezept Seite 22)
20 g Mehl
altbackenes Brot oder Brotrinde
Salz, Pfeffer
Öl für die Fritüre

Die pochierten Eier:

Eine niedrige Kasserolle zu $^3/_4$ mit 1 Liter Wasser füllen, dem man 5 cl Weinessig zufügt (nicht salzen).

Aufkochen lassen. Eines nach dem anderen die 4 Eier auf dem Rand der Kasserolle aufschlagen und möglichst dicht und sanft über dem Wasser hineingeben.

Dann auf sanftem Feuer und bei ganz leichtem Brodeln $2^1/_2$ Minuten kochen lassen. Danach ein Ei nach dem anderen mit einem Schaumlöffel herausnehmen und für einige Minuten in ein Gefäß mit kaltem Wasser tauchen.

Mit einem kleinen Messer die Fäden entfernen, die sich vielleicht gebildet haben, und die Eier auf ein trockenes Tuch legen.

Die Sauce:

Die Butter in einer kleinen Kasserolle schmelzen, das Mehl dazugeben und 5 Minuten zusammen kochen lassen, ohne daß die Masse braun wird. Diesen Roux nach und nach mit dem weißen Geflügel-Fond vermischen.

Mit Salz und Pfeffer würzen und eine knappe Stunde sehr sanft kochen lassen.

2 Eigelb mit der Sahne und nach und nach mit einem Drittel des Roux in einer Schale vermischen. Diese Bindung in die Kasserolle mit der Sauce schütten und auf großer Flamme einkochen lassen; dabei unaufhörlich umrühren, bis die Menge auf etwa 2 dl eingekocht ist.

In eine Terrine schütten und, sobald die Sauce lauwarm

ist, die 4 Eier darin einhüllen. Fest werden lassen, bevor man sie paniert.

Panierung der Eier:

- 1 Ei in einem Teller aufschlagen, es mit der Gabel mit Salz, Pfeffer und Erdnußöl schlagen.
- Ist die Sauce, die nun die Eier umschließt, gut abgekühlt, entfernt man mit einer Messerspitze die überschüssige Sauce und taucht die Eier eines nach dem anderen in die eben angefertigte Mischung aus Erdnußöl, Ei, Salz und Pfeffer.
  Dann rollt man die Eier in dem feingeriebenen oder durch ein Sieb passierten Brot.
- 4 Minuten bevor man sie serviert, taucht man die Eier in eine leicht dampfende Fritüre.
- Darin bewegt man sie leicht hin und her, damit die Eier sich von selbst weiterdrehen.
- Haben sie eine goldene Farbe angenommen, so läßt man sie auf einem Tuch abtropfen und bestäubt sie mit etwas Salz.

Anrichten:

In 4 kleine Töpfe oder auf 4 tiefe Teller gibt man ein Gemüse-Püree (siehe Rezept Seite 226). Darauf legt man die Eier.

Pochierte Eier in falscher Schale

Zubereitungszeit: 25 Minuten
Kochzeit: 15 Minuten

Zutaten für 5 Personen:

12 olivenförmige Tomaten (Sorte »Roma«), d. h. ungefähr 1 kg
80 g Spinat
4 Eier
100 g Butter
1 geschälte Knoblauchzehe
Salz, Pfeffer
12 Eierbecher

Vorarbeiten:

1. *Die Tomaten:* Länglich-ovale Tomaten aussuchen. Sie eignen sich wegen ihrer Ei-Form vorzüglich für dieses Rezept; denn sie sollen die Eierschalen in den Eierbechern ersetzen und müssen deshalb in die Becher passen.
   – In zwei Drittel Höhe der Tomaten die Hüte abschneiden und mit einem Teelöffel die Kerne und etwa die Hälfte des Fleisches herausnehmen. Das Innere leicht mit Salz und Pfeffer würzen, sie dann aufrecht in eine Kasserolle stellen, die groß genug sein muß, damit sie nebeneinanderstehen und nicht umfallen.
2. *Der Spinat:* Reinigen, entstielen und nach klassischer Methode kochen (siehe Seite 205). Abtropfen lassen und in einem Tuch pressen, damit das Wasser entfernt wird, dann fein hacken.
3. *Die Eier:* Zwei Salatschüsseln bereitstellen, in die eine das Eiweiß geben, in die andere das Gelb, dann salzen und leicht schlagen.

Zubereitung:

- In kleinen Stückchen 30 g Butter in das Innere der Tomaten geben, und die Tomaten dann für ungefähr 12 Minuten in den Salamander oder unter den Grill stellen. Sie sollen zwar gar werden, aber genug Festigkeit behalten, damit sie nachher die Füllung halten.
- Gleichzeitig läßt man 20 g Butter in einer kleinen Kasserolle Farbe nehmen.
- Den Spinat hineingeben, ohne ihn zu bräunen, mit einer

Gabel, auf die man eine Knoblauchzehe gespickt hat, umrühren.

- 3 Minuten bevor man serviert, läßt man die Eier auf folgende Weise kochen: Man nimmt zwei kleine Kasserollen mit dickem Boden, damit die Hitze nicht zu stark auf die Eier einwirkt. Hat man solche Kasserolle nicht, gart man sie im Wasserbad, was jedoch mehr Zeit erfordert.
- 10 g Butter in eine der Kasserollen geben, die man auf sehr sanftes Feuer stellt.
- Dahinein das Eiweiß schütten und unaufhörlich mit einem Holzlöffel umrühren, indem man die flüssige Masse ständig in die bereits festere Masse einrührt.
- Wird das Eiweiß etwas dick, vom Feuer nehmen, die Garung vollendet sich nun von selbst.
- Temperiert aufbewahren.
- Nun bearbeitet man das Eigelb in der gleichen Weise.
- Dann arbeitet man in jede der beiden Zubereitungen 15 g Butter in kleinen Stückchen ein.

Anrichten:

Die 12 Tomaten in die Eierbecher stellen und je 4 mit jeder der 3 Zubereitungen füllen.
Jeder Gast muß nun 3 Eier mit falscher Schale in verschiedenen Farben haben (weiß, gelb, grün).
Sofort servieren.

Fische und Schalentiere

Gedämpfte Jakobsmuscheln

Zubereitungszeit: 30 Minuten
Kochzeit: 6 Minuten

Zutaten für 4 Personen:

4 kg lebende Jakobsmuscheln
150 g Butter
4 Eßlöffel Gemüse aus dem Sud (siehe Rezept S. 28)
Petersilie
Salz
Pfeffer
10 cl Weißwein (Sauvignon)

Vorarbeiten:

1. Man kann die Jakobsmuscheln bei seinem Fischhändler vorbereiten lassen; aber es ist anzuraten, sie selbst im letzten Augenblick auf folgende Art zu öffnen:
   - Die Klinge eines starken Messers unter den Deckel schieben und den Muskel, der die Muschel zusammenhält, durchschneiden.
     Mit einem Löffel löst man vorsichtig das Fleisch ab, das in der Vertiefung sitzt.
   - Die verschiedenen Häutchen von dem weißen Teil (der »Nuß«) und dem roten Teil, dem Corail, abtrennen.
   - Mehrfach in immer wieder erneuertem Wasser waschen, damit auch die letzten Spuren von Sand verschwinden, abtropfen lassen und die Nuß quer in zwei Hälften schneiden.
2. Man wählt eine Kuskus-Kasserolle, das heißt eine mit einem Grill-Einsatz.
   - Den Grill buttern, die Jakobsmuscheln mit Pfeffer und Salz würzen, zusammen mit den Gemüsen aus dem Sud darauflegen.
   - Kleine Butterstückchen daraufgeben und den Weißwein darübergießen.

Zubereitung:

- Den Topf aufs Feuer geben, und, sobald die Flüssigkeit kocht, 5 Minuten zur Seite ziehen.
- Den Deckel abnehmen und noch 1 Minute groß aufkochen lassen, damit die Butter sich binden kann.

- Kurz vor dem Servieren einige Petersilienblätter und einige Tropfen Zitrone daraufgeben.

Anrichten:

In der Kasserolle servieren, die Muscheln auf 4 tiefe Teller verteilen, den Einsatz herausnehmen und die Sauce darübergießen.

Lachs-Schnitzel in Sauerampfer »Troisgros«

Zubereitungszeit: 40 Minuten
Kochzeit: 40 Sekunden für den Lachs und
10 Minuten für die Sauce

Zutaten für 4 Personen:

900 g frischer Lachs
40 cl Crème double
4 cl Wermouth
8 cl trockener Weißwein (Sancerre)
80 g frischer Sauerampfer
2 Schalotten
40 g Butter
1 Gläschen Erdnußöl
½ Zitrone
Salz, Pfeffer
Fisch-Fond (siehe Rezept Seite 27)

Vorarbeiten:

1. *Der Lachs:* Ein fülliges Stück aus der Mitte des Fisch-Körpers auswählen. Mit Hilfe eines Messers mit biegsamer Klinge löst man die beiden Filets aus.
   - Mit einer kleinen Pinzette zieht man die kleinen Gräten heraus, die sich mitten im Fleisch befinden, indem man mit den Fingern gegen den Strich streicht.
   - Die Filets quer in Längsrichtung in 4 Schnitzel von je 140 g schneiden. In 2 Blatt eingeöltes Schwefelpapier einhüllen und mit der Breitseite eines Hackmessers sie vorsichtig gleichmäßig flachdrücken.
2. *Der Sauerampfer:* Entstielen, indem man von unten nach oben zieht und damit die Stränge von den Blättern trennt. Die Blätter waschen und die größten von ihnen in zwei oder drei Stücke reißen.
3. Die Schalotte feinhacken.

Die Sauce:

In eine Schmorpfanne den Fisch-Fond, den Weißwein, den Wermouth und die gehackte Schalotte geben.
- Aufs Feuer setzen und so lange einkochen, bis die restliche Flüssigkeit sirupartig glänzt.
- Die Sahne hinzufügen und so lange kochen, bis die Sauce leicht gebunden ist.

- Den Sauerampfer für 25 Sekunden hineingeben, vom Feuer nehmen und die Butter in kleinen Stücken zufügen, indem man die Kasserolle in kurzen kreisenden Bewegungen dreht (keinen Schneebesen benutzen, sonst würden die Sauerampferblätter zerreißen).
- Mit einigen Tropfen Zitronensaft, Salz und Pfeffer abschmecken.

Das Kochen:

- Nimmt man eine beschichtete Teflon-Pfanne, so kann man sie trocken erhitzen. In eine klassische Pfanne gibt man etwas Öl.
- Die Lachsschnitzel mit Salz und Pfeffer auf *der* Seite würzen, die nicht präsentiert wird, und sie mit der gewürzten Seite nach oben in die Pfanne legen.
- 25 Sekunden schmoren lassen, dann umwenden und sie auf der anderen Seite 15 Sekunden ziehen lassen.
- Der Lachs darf nicht durchgebraten sein, damit er zart und saftig bleibt.

Anrichten:

Die Sauce auf 4 heiße Teller verteilen. Darauf die Lachsschnitzel legen, nachdem man das überflüssige Fett mit einem Tuch abgetupft hat.

Ganz leicht mit sehr feinem Salz das bisher nicht gewürzte Oberteil bestäuben.

Dieses Gericht darf nicht auf den Gast warten; es muß im letzten Augenblick angefertigt werden. Also sofort servieren!

Stockfisch-Blätter »Berchoux«

Zubereitungszeit: 45 Minuten
Kochzeit: 25 Minuten

Zutaten für 4 Personen:

700 g gesalzener Stockfisch (Kabeljau)
2 Anchovis-Filets
15 cl Olivenöl
50 g Trüffel (wahlweise)
1/2 Knoblauchzehe
1/2 Zitrone
Pfeffer

Vorarbeiten:

1. Einen ganz weißen Stockfisch auswählen, mit festem Fleisch und vom letzten Fischfang.
   Auf den Boden eines großen Beckens einen Rost (Grill) setzen.
   Den Fisch in 4 Teile schneiden und auf den Rost legen, mit kaltem Wasser auffüllen und den Fisch mit der Haut nach oben wässern. Das Wasser drei- oder viermal in dieser Zeit erneuern.
2. Die Anchovis-Filets in kleine Würfel schneiden.
3. Die halbe Knoblauchzehe feinhacken.
4. Das Olivenöl lauwarm erwärmen.

Zubereitung:

- Die Fischstücke in 2 Liter kaltes Wasser legen.
- Langsam erhitzen, und, sobald das Wasser kocht, die Kasserolle auf die Ecke der Herdplatte setzen, so daß das Wasser nur noch leicht brodelt.
- Von diesem Augenblick an 15 Minuten kochen lassen.
- Die Fischstücke herausnehmen und auf ein horizontales Sieb legen.
- Haut und Gräten entfernen; den Fisch mit der Hand in seine Blättchen auflösen.
- In eine verzinkte Kupfer-Kasserolle 1/2 Glas Wasser geben. Die Stockfisch-Blätter vorsichtig hineinlegen, vom Feuer nehmen und Tropfen für Tropfen das Öl und den Zitronensaft einarbeiten, indem man 7 bis 8 Minuten unaufhörlich rührt.
- Die Temperatur darf 50 Grad nicht überschreiten.

- Die Stockfisch-Blätter werden nun gebunden – doch spürt man, daß sich die Elemente trennen wollen (weil das Öl nicht in den Fisch zieht), fügt man etwas lauwarmes Wasser hinzu.

Vollenden: Sobald die ganze Masse crèmig ist, fügt man die Anchovis-Würfel hinzu, ebenso die hachierten Knoblauchzehen und eine gute Drehung aus der Pfeffermühle.

Anrichten: Man serviert das Gericht auf einer runden und tiefen Platte mit Kartoffeln, die man im Ofen gebacken hat.
Will man es bereichern, so kann man es mit Trüffelscheiben bedecken, die man in Olivenöl getränkt hat.

Barsch-Filet mit Zitronen

Zubereitungszeit: 1 Stunde
Kochzeit: 20 Minuten

Zutaten für 4 Personen:

4 Stück Barsch von 400 g
1/2 Liter Fisch-Fond (siehe Rezept Seite 27)
50 g Butter
5 cl Weinessig
3 Zitronen
20 g Zucker
Salz
Pfeffer

Vorarbeiten:

1. *Die Zitronen:* Die Zitronen mit einem sehr scharfen Messer schälen. Dann mit einem feinen und scharfen Küchenmesser die Filets herauslösen, indem man mit der Klinge zwischen Fleisch und Häutchen einschneidet.
2. *Der Fisch:* Vom Fischhändler 8 Barsch-Filets auslösen lassen, die Haut abziehen und sie leicht mit einem Holzstampfer drücken; dann mit Salz und Pfeffer würzen.
   - Jetzt rollt man je ein Zitronen-Filet mit einem Fisch-Filet ein und befestigt die Rolle mit einem Holzstäbchen (Zahnstocher).
3. *Der Fond:* In einer kleinen Kasserolle den Zucker mit dem Weinessig schmelzen lassen, langsam kochen, um eine sehr helle, karamelisierte Flüssigkeit zu erhalten. Mit dem Fisch-Fond auffüllen, aufkochen lassen und wieder abkühlen lassen.

Zubereitung:

- Eine Kasserolle mit niedrigem Rand ausbuttern, die Barsch-Filets hineinlegen und mit dem Fond bedecken.
- Den Rest der Zitronen-Filets zugeben und bedeckt 15 Minuten ziehen lassen.
- Die Filets vom Fisch und von der Zitrone auf eine Servierplatte legen und warm stellen, einen Teller daraufdecken.
- Den Koch-Sud einkochen lassen, bis man ungefähr 6 Eßlöffel sirupartiger Sauce gewinnt.

- Die Butter in kleinen Stückchen hineingeben und mit dem Schneebesen einarbeiten.
- Abschmecken und eventuell nachwürzen.

Anrichten:

Die Holzstäbchen herausziehen und die Filets mit der heißen Soße begießen. Sofort servieren.

Rötlings-Filets mit Rindermark

Zubereitungszeit: 30 Minuten
Kochzeit: 10 Minuten

Zutaten für 4 Personen:

6 Rötlinge von je 200 g
120 g Rindermark
2 Eßlöffel Tomatensauce (siehe Rezept Seite 35)
20 cl Burgunder-Rotwein
3 Schalotten
120 g Butter
5 cl Erdnußöl
20 g Stockfisch-Salz (siehe Rezept Seite 88)
Fischmehl
Salz, Pfeffer

Vorarbeiten:

1. Am Tage vorher beim Metzger 2 schöne Röhren mit Rindermark bestellen, das noch fest ist. 12 Stunden in kaltes Wasser einlegen.
   – Trocknen lassen und in Scheiben von 1 cm Dicke schneiden.
2. Die Rötlinge ausnehmen, die Filets entlang der Mittelgräte mit einem geschmeidigen Messer abheben.
   – In einem Tuch trocknen, salzen, pfeffern, in Mehl wälzen und sie auf einer Platte abklopfen, damit das überflüssige Mehl abfällt.
3. Die Schalotten feinhacken.

Zubereitung:

- Eine Fischpfanne (länglich) erhitzen, das Erdnußöl und 30 g Butter hineingeben.
- Sobald das Fett schaumig ist, die Filets mit der Haut nach unten hineingeben.
  Auf jeder Seite 2 Minuten braten, dabei die Pfanne von Zeit zu Zeit hin- und herziehen, um ein Anbacken zu verhindern.
- Währenddessen die Rindermark-Scheiben auf den Boden einer kleinen Kasserolle legen, sie mit einem halben Liter Salzwasser bedecken und vom Feuer nehmen, sobald das Wasser brodelt.

Die Sauce:

- Die Fischfilets auf eine heiße Servierplatte legen und darauf achten, daß die Haut oben ist. In dem verbliebenen Koch-Fett die Schalotten 2 Minuten leicht schwitzen lassen.
- Mit dem Rotwein ablöschen, die Tomaten-Sauce zugeben und einkochen lassen, bis man 8 Eßlöffel Sauce zurückbehält.
- Nun vom Feuer nehmen und mit dem Schneebesen 90 g Butter in kleinen Stückchen montieren (einarbeiten). Eventuell mit Pfeffer nachwürzen.

Anrichten:

Die Filets mit der Sauce übergießen, dann die Scheiben heißen Rindermarks darauflegen und jede Scheibe mit einer Messerspitze Stockfisch-Salz bestreuen.

Geschmorter Seeteufel auf frischen Nudeln

Zubereitungszeit: 1 Stunde
Kochzeit: 45 Minuten

Zutaten für 4 Personen:

1 Seeteufel (Lotte) von 800 g
120 g frische Nudeln
10 cl Crème double
20 g Butter
10 cl Weißwein
3 geschälte Knoblauchzehen
1 Möhre
1 Zwiebel
5 Tomaten
2 g Safran
1 Kräutersträußchen
Salz, Pfeffer

Vorarbeiten:

1. Die Haut vom Fisch abziehen und die Flossen und Kiemen abschneiden.
   - Mit einem Küchenmesser in regelmäßigen Abständen 6 Einschnitte machen und mit je einer halben Knoblauchzehe spicken.
   - Mit Salz und Pfeffer würzen.
2. Die Tomaten in kochendes Wasser tauchen, abschrekken, enthäuten, entkernen und in kleine gleichmäßige Stücke schneiden.

Kochen des Fischs:

- In einer Fisch-Kasserolle von der Größe dieses Fisches 20 g Butter erhitzen, den Fisch 10 Minuten lang auf großem Feuer angehen lassen, die in Scheiben geschnittene Möhre, die in 4 Stücke geschnittene Zwiebel und das Kräutersträußchen herumlegen.
- Die Kasserolle zudecken und 20 Minuten ziehen lassen.
- Dann mit dem Weißwein auffüllen und 25 Minuten kochen lassen, indem man den Fisch immer wieder begießt.
- Nun die Sahne zufügen und aufkochen lassen.
- Den Teufelsfisch auf die Servierplatte legen, die Sauce durch ein Spitzsieb in eine kleine Kasserolle passieren.
- Den Safran und die Tomatenstücke zufügen, auf kleiner

Flamme kochen lassen, damit man eine reduzierte, leicht angedickte Sauce erhält.

- Abschmecken.

Das Kochen der Nudeln:

- Die frischen Nudeln in viel kochendes Salzwasser werfen und nur so lange kochen, bis sie noch »al dente«, das heißt fest, sind. 7 bis 8 Minuten sollten dafür genügen.
- Sie langsam abkühlen lassen und auf einem Sieb abtropfen.

Vollenden und Anrichten:

In eine lange tiefe Platte legt man die Nudeln und darauf den Fisch in die Mitte. Für 30 Sekunden in den heißen Ofen schieben und mit der kochenden Sauce begießen.

Der Teufelsfisch läßt sich leicht tranchieren, indem man an der Mittelgräte entlangfährt.

Makrelen »Heiliger Jakob«

Zubereitungszeit: 45 Minuten
Kochzeit: 18 Minuten

Zutaten für 4 Personen:

4 frische Makrelen
8 lebende Jakobsmuscheln
60 g Butter
10 cl trockener Weißwein
1/2 Möhre
2 Tomaten
2 Schalotten
1 Knoblauchzehe
1/2 Zitrone
32 Korianderkörner
Petersilie
Salz, Pfeffer

Vorarbeiten:

1. *Die Makrelen:* Sie sollen ganz frisch sein. Man sieht das am glänzenden Auge und an der rötlichen Farbe der Kiemen.
   - Die Kiemen abreißen, die Flossen mit der Schere abschneiden, die Fische ausnehmen und unter stark fließendem Wasser waschen.
   - Mit einem Filetier-Messer fährt man an der Hauptgräte entlang, um das Fleisch von ihr abzulösen. An beiden Seiten mit der Schere beschneiden.
   - In regelmäßigen Abständen 4 Einschnitte in das Fischfleisch machen. Mit Salz und Pfeffer würzen.
2. *Die Jakobsmuscheln:* Die lebenden Jakobsmuscheln so öffnen, ausnehmen und im Sud kochen, wie im Rezept Seite 111 beschrieben. Sie quer durchschneiden, würzen und in die Einschnitte des Fischfleisches stecken. Sie sollen leicht aus dem Fisch herausragen.
3. *Die Garnitur:* Die Karotten in Würfel schneiden (Mirepoix), die Tomaten schälen, ausdrücken und in Stücke schneiden, Knoblauch und Schalotte fein hacken.

Zubereitung:

● Eine Gratinier-Platte nehmen, die groß genug ist, um die 4 Fische aufzunehmen.

- 20 g Butter hineingeben, die Garnitur und die Korianderkörner 2 Minuten anschwitzen und dann die Fische hineinlegen.
- Mit dem Weißwein und dem Zitronensaft auffüllen und den Rest der Butter in kleinen Stückchen zugeben. Die Oberfläche mit einem ausgebutterten Schwefelpapier abdecken und aufkochen lassen.
- Noch 10 Minuten im heißen Ofen weiterkochen lassen. Danach soll die Sauce sirupartig sein und den Fisch überglänzen. Ist das noch nicht der Fall, gibt man die Kochflüssigkeit in eine kleine Kasserolle und läßt sie einkochen, bis man 8 Eßlöffel Sauce gewonnen hat.

Vollenden: Abschmecken, die Fische mit der Sauce begießen und die feingehackte Petersilie darüberstreuen. Sofort servieren.

Merlan (Wittling) »Platanen-Hotel«

Zubereitungszeit: 30 Minuten
Kochzeit: 12 Minuten

Zutaten für 4 Personen:

4 Merlans von je 300 g
150 g Champignons
15 cl Milch
100 g Butter
1/4 Zitrone
2 mittelgroße Zwiebeln
Mehl
Salz, Pfeffer

Vorarbeiten:

1. *Die Fische:* 4 Merlans (Wittlinge) mit glänzenden Augen aussuchen, sie ausnehmen, mit der Schere Schwanz und Flossen abschneiden. Sie waschen und dann in einem Tuch abtrocknen.
   - Auf beiden Seiten mit einem Messer Einschnitte von 5 mm Tiefe und 2 cm Breite machen.
   - Diese Einschnitte salzen und pfeffern.
   - Die Fische in Milch tauchen und sie anschließend in Mehl rollen.
2. *Die Champignons:* Weiße, feste und frische Champignons aussuchen. Die erdigen Stiele abschneiden, die Pilze waschen, indem man sie lebhaft im Wasser bewegt, ohne sie darin lange liegen zu lassen. Sofort herausnehmen, in einem Tuch trocken legen, anschließend grob hacken.
3. *Die Zwiebeln:* Fein hacken.

Zubereitung:

- *Die Pilze:* In 25 g Butter die gehackten Zwiebeln in einer kleinen Kasserolle leicht anbräunen. Die Champignons zugeben und kochen lassen, dabei ständig umrühren. Herausnehmen, sobald die Feuchtigkeit verdampft ist.
- *Die Fische:* 50 g Butter in einer länglichen Fisch-Pfanne erhitzen. Sobald sie bräunlich wird, die Merlans hineinlegen.
- 4 Minuten auf jeder Seite anbraten, dann sie für 4 Minuten in den heißen Ofen schieben.

Vollenden:

Kurz vor dem Auftragen legt man die Fische vorsichtig auf die Servier-Platte.

Die restlichen 25 g Butter in eine Pfanne geben.

Sobald die Butter schäumt, die gehackten Champignons hineintun und ihnen eine schöne goldene Farbe geben, dabei ständig umrühren.

Dieses Gericht muß sofort serviert werden.

Hummer-Ragoût

Zubereitungszeit: 1 Stunde und 30 Minuten
Kochzeit: für den Hummer 15 Minuten

Zutaten für 4 Personen:

1,8 kg Hummer in 2 oder 3 Exemplaren
3 cl Cognac
10 cl Weißwein
20 cl Fisch-Fond (siehe Rezept Seite 27)
2 frische Tomaten
1 Teelöffel Tomatenmark
2 Schalotten
1 Möhre
10 cl Crème double
80 g Butter
10 cl Öl
1 Kräutersträußchen
Salz, Pfeffer

Gemüse für die Garnitur:
50 g feine grüne Bohnen
80 g feine Erbsen
2 Kartoffeln
2 Möhren
2 Rübchen
grobes Salz

Vorarbeiten:

1. *Die Hummer:* Schwere, weibliche Tiere aussuchen, die Eier haben (die Eier hebt man in einer Schale auf).
   - Nachdem man die Hummer in einem sehr großen Kessel mit heftig kochendem Wasser rasch getötet hat, legt man sie auf eine Platte und schneidet kurz hinter dem Hauptkörper den Schwanz ab.
   - Den Körper spaltet man der Länge nach in zwei Hälften, nimmt sorgfältig die kleine Tasche heraus, die sich hinter dem Kopf befindet und steinig ist.
   - Im Körper befindet sich ferner eine grüne Substanz, das Corail, das man herausnimmt und zu den Eiern tut.
   - Die beiden Scheren abbrechen, den Hummer auf eine Platte legen und mit Salz und Pfeffer würzen.

2. *Die Garnitur:* Schalotten und Möhre als Mirepoix in Würfel schneiden.
3. *Die Gemüse:* Die grünen Bohnen und die feinen Erbsen getrennt in viel Salzwasser kochen, so daß sie noch grün und knackig bleiben.
   – Die Möhren, Rübchen und die Kartoffeln in ungefähr jeweils 16 Stücke von der Form einer Knoblauchzehe schneiden und sie getrennt in Salzwasser gar kochen.

Zubereitung:

- 20 g Butter und 10 cl Öl in eine große Schmorpfanne geben und erhitzen, die tranchierten Hummerteile hineingeben.
- Die Stücke auf großer Flamme umwenden, bis die Schalen eine schöne rote Farbe angenommen haben.
- Das Mirepoix-Gemüse zugeben, mit Cognac aufgießen, einkochen lassen, dann den Weißwein zugeben, den Fisch-Fond, die frische Tomate, das Tomatenmark und das Kräutersträußchen. Zum Kochen bringen und 15 Minuten ziehen lassen.
- Mit einer Gabel die Hummerteile herausnehmen, die Schalen im Mixer zerkleinern und der Kochflüssigkeit zugeben, die man 10 Minuten ziehen läßt.
- Die ganzen Eier und das Corail mit 60 g Butter in eine Schale geben.
  Verrühren.
- Diese Bindung fügt man der Sauce zu, ebenso die Sahne, und läßt alles zusammen 3 Minuten kochen. Die Sauce soll eine zinnoberrote Farbe haben.
- Abschmecken und das Ganze durch ein feines Spitzsieb passieren.

Vollenden:

Jetzt nimmt man das Fleisch aus den Hummerschwänzen und schneidet es in Scheiben. Das gleiche macht man mit den Scheren, deren Inhalt man in kleine Stücke zerteilt. Man gibt alles in die Sauce und fügt die Möhren, die Rübchen und die Kartoffeln zu.
Das Ganze noch einmal erhitzen, ohne aufkochen zu lassen.

Anrichten:

Man serviert das Hummer-Ragoût in einer Schüssel und streut die grünen Bohnen und die feinen Erbsen darüber.

Sechs Fische »Ajano«

Zubereitungszeit: 1 Stunde
Kochzeit: 10 Minuten

Zutaten für 6 Personen:

3 Rötlinge zu je 200 g
1 Seewolf von 600 g
1 Goldbrassen (Dorade) von 800 g
1 Drachenfisch (Rascasse) von 800 g
3 Petermännchen zu je 150 g
1 Meeresbarbe zu 700 g
25 cl Weißwein
50 g entschälte kleine Erbsen
3 Möhren
3 Rübchen
100 g grüne Bohnen
2 Tomaten
1 Schalotte
$^1/_2$ Zitrone
240 g Butter
gewöhnliche Petersilie
Salz, Pfeffer

Vorarbeiten:

Nachdem man sich von der Frische der Fische überzeugt hat, bittet man den Fischhändler, die Filets abzulösen. Die Haut jedoch wird, mit Ausnahme von der Barbe, nicht abgelöst.

1. Die Filets in Stücke von je 35 g schneiden, von jeder Fischsorte ein Stück Filet, also 6 Filets pro Kopf. Die Filets können auch Medaillon-Form haben.
2. Karotten und Rübchen schälen, in Stäbchen von 3 cm Länge schneiden, dann sie oval in Form einer Knoblauchzehe schneiden, 30 Stückchen von jeder Sorte.
   - Getrennt in Salzwasser kochen, das Gemüse soll jedoch noch fest bleiben.
   - Das gleiche mit den grünen Bohnen und feinen Erbsen machen.
3. Die Tomaten schälen, nachdem man sie in kochendes Wasser gehalten hat, sie entkernen und das Fleisch in regelmäßige Würfel schneiden. Salzen und pfeffern.
4. Die Schalotte fein hacken.

Zubereitung:

- Die gehackte Schalotte auf den Boden einer großen Schmorpfanne legen, die man vorher ausgebuttert hat.
- Die Fische mit Salz und Pfeffer würzen und sie, nach Sorten geordnet, in die Pfanne legen, mit der Haut nach oben.
- Mit Weißwein aufgießen, zum Kochen bringen, die Pfanne bedecken und 5 Minuten ziehen lassen.
- Den Kochsaft der Fische in eine Kasserolle umschütten, zur Hälfte einkochen lassen und auf heftigem Feuer die Butter in kleinen Stückchen mit dem Schneebesen energisch einrühren, bis man eine gebundene Sauce erhält.
- Abschmecken, den Zitronensaft und die Petersilien-Blättchen hinzufügen.

Anrichten:

6 große Teller vorwärmen.

Darauf sternförmig je ein Medaillon von jeder Fischsorte, indem man mit den Farben abwechselt, anordnen und die Fische mit Hilfe eines Suppenlöffels rasch mit der sehr heißen Sauce begießen.

Die Gemüse in einer Kasserolle in kochendem Salzwasser erwärmen, abtropfen lassen und harmonisch auf die Fische verteilen, ebenso wie die rohen Tomatenwürfel.

Stern-Rochen in Öl und Weinessig

Zubereitungszeit: 20 Minuten
Kochzeit: 20 Minuten

Zutaten für 4 Personen:

Für den Rochen:
1 Rochen von 1 kg Gewicht
1 Zwiebel
1 Möhre
10 cl Spirituosenessig
1 Kräutersträußchen
20 g grobes Salz
10 g Pfefferkörner

Für die Sauce:
8 cl Weinessig
16 cl Olivenöl
½ Schalotte
5 g feines Salz
3 g Pfeffer
30 g Korianderkörner
Petersilienblätter

Garnitur:
4 längliche Pellkartoffeln in der Schale

Einen *Stern-Rochen* mittlerer Größe auswählen. Nachdem man den kleineren unteren Teil des Flügels auf ungefähr 2 cm abgetrennt hat, schneidet man den übrigen Fisch in 4 gleiche Portionen. Die Haut gut reiben, um die klebrige Masse, die sich darauf befindet, zu entfernen.

Zubereitung:

- Die Garnitur für die Würzbrühe vorbereiten: 1 Zwiebel und 1 Karotte in feine Scheiben schneiden, den Pfeffer zerdrücken und das Kräutersträußchen binden.
- Den Rochen in eine große Kasserolle legen und mit 1 Liter Wasser bedecken, die Garnitur, den Spirituosenessig und das grobe Salz zugeben.
- Aufkochen lassen und danach sofort die Kasserolle zudecken und vom Feuer nehmen. 20 Min. ziehen lassen.

Die Sauce:

Salz, Pfeffer und Weinessig in eine Salatschüssel geben. Mit dem Schneebesen das Öl einarbeiten, den Koriander und die gehackte Schalotte zugeben.

Anrichten:

Den Rochen Stück für Stück mit einer großen Gabel herausnehmen und auf eine Platte legen.

Die beiden Häute mit einem Messer ablösen.

Sobald die Fischteile gut gereinigt sind, legt man sie auf eine flache Servierplatte.

Die Pellkartoffeln schälen, sie in 1 cm dicke Stücke schneiden und um den Rochen herumlegen.

Den Fisch mit der Sauce begießen und die Petersilie darüberstreuen.

Sofort servieren.

Petersfisch »Bäckerin«

Zubereitungszeit: 30 Minuten
Kochzeit: 65 Minuten

Zutaten für 4 Personen:

1 Petersfisch von 1,5 kg
1,5 kg längliche Kartoffeln
1 Liter weißer Geflügel-Fond (siehe Rezept Seite 22)
200 g Butter
6 große Zwiebeln
1 Knoblauchzehe
1 Zweig frischer Thymian
Salz, Pfeffer

Vorarbeiten:

1. *Der Petersfisch:* Er muß absolut frisch sein. Ausnehmen, indem man an der Seite sehr kurz einschneidet. Frisches Wasser durch die Kiemen und in das Innere fließen lassen, um den Fisch zu reinigen.
   Mit einer großen Fischschere die Flossen und das äußere Ende des Schwanzes abschneiden.
   Waschen, trocknen und mit Salz und Pfeffer würzen.
2. *Die Kartoffeln:* Am besten wählt man längliche Kartoffeln aus, da sie beim Kochen widerstandsfähiger sind. Schälen, waschen, in Scheiben von 2 bis 3 mm Dicke schneiden.
   – Abtrocknen und mit Salz und Pfeffer in eine Terrine legen.
3. *Die Zwiebeln:* In zwei Hälften schneiden, den Stiel entfernen, in Scheiben schneiden.
4. *Knoblauch:* Fein hacken.
5. Den weißen *Geflügel-Fond* zum Kochen bringen.
6. 150 g Butter schmelzen lassen.

Zubereitung:

- 50 g Butter in eine Pfanne geben und die Zwiebeln 20 Minuten anschwitzen lassen, ohne daß sie braun werden.
- Diese Zwiebeln in eine Gratinier-Form von der Größe des Fisches geben, den gehackten Knoblauch zufügen und den Petersfisch darauflegen. Ihn mit Kartoffelscheiben bedecken, mit dem kochenden Geflügel-Fond auffüllen und die zerlassene Butter darübergeben.

- Mit Thymianblättern bestreuen, indem man den Zweig zwischen den Handflächen reibt, dann die gesamte Oberfläche mit einem Schwefelpapier abdecken. Den Ofen auf 160 Grad vorwärmen und die Form für 45 Minuten hineinschieben.

Vollenden:

- Die Form herausnehmen. Sollte der Fond noch nicht ganz von den Kartoffeln absorbiert sein, schüttet man ihn in eine kleine Kasserolle, läßt ihn einkochen, bis er sirupartig geworden ist und gießt ihn dann über den Fisch.
- Auf einer Fischplatte servieren.

Seezunge mit Schnittlauch

Zubereitungszeit: 30 Minuten
Kochzeit: 20 Minuten

Zutaten für 4 Personen:

4 Seezungen zu je 350 g
½ l Crème double
100 g Butter
40 cl Wermouth
10 cl Weißwein
20 cl Fisch-Fond (siehe Rezept Seite 27)
100 g altbackenes Brot ohne Kruste
1 Schalotte
1 Teelöffel Tomatenmark
½ Zitrone
Schnittlauch
Salz, Pfeffer

Vorarbeiten:

1. 100 g altbackenes Brot durch ein horizontales Sieb reiben.
2. 100 g Butter klären.
3. Den Schnittlauch mit der Schere feinschneiden.

Die Seezungen:

- Die braune Haut abziehen, die weiße Seite entschuppen und den Kopf schräg abschneiden. Mit Salz und Pfeffer würzen.
- Die geklärte Butter in eine lange Servierplatte schütten. Die Seezungen darin rollen und die weiße Haut mit dem geriebenen Brot panieren.
- 10 cl Fisch-Fond auf den Boden der Platte schütten, die Seezungen mit der panierten Seite oben hineinlegen, darauf achten, daß die Flüssigkeit nicht die Panierung befeuchtet.
- Den Ofen auf 200 Grad vorwärmen und das Gericht 15 Minuten garen lassen, damit die Oberfläche eine schöne goldene Farbe annimmt.
- Die Seezungen herausnehmen, die kleinen Gräten-Galerien außen am Fisch abnehmen, ebenso die Hälfte der Hauptgräte.

Zubereitung der Sauce:

- Den Weißwein, den Wermouth, den Rest des Fisch-Fonds, die gehackte Schalotte bis zur vollständigen Reduktion einkochen lassen.
- Nun die Sahne zugeben, aufkochen lassen. So entsteht eine leicht angedickte Sauce.
- Durch ein feines Spitzsieb passieren und mit dem Rest der Butter aufschlagen (montieren).
- Die Seezungen im Ofen noch einmal wärmen, die Sauce auf 4 große Teller verteilen, den Schnittlauch über die Sauce streuen und die Seezungen darauflegen.

Baby-Steinbutt mit Gurken

Zubereitungszeit: 35 Minuten
Kochzeit: für den Fisch 6 Minuten

Zutaten für 4 Personen:

1 Baby-Steinbutt von 1,3 kg
20 cl Weißwein (trocken)
50 cl Crème double
1 mittelgroße Gurke
1 Tomate
2 Schalotten
1/4 Zitrone
Petersilie
Salz, Pfeffer

Vorarbeiten:

1. *Die Gurken:* 1 lange und sehr feste Gurke aussuchen. Die beiden Enden abschneiden, dann in 3 lange Streifen schneiden, schälen und sie auf den 4 Seiten in feine Scheiben schneiden bis zu den ersten Kernen.
   - Nun als Julienne schneiden, die feinen Streifen in einem Gefäß mit kaltem Wasser für 10 bis 12 Minuten aufbewahren.
2. *Der Baby-Steinbutt:* Hat ihn der Fischhändler noch nicht vorbereitet, löst man die Filets auf folgende Art ab: Mit einem Filetier-Messer zieht man eine Linie in der Mitte des Rückens, wobei man beim Kopf beginnt und am Schwanz endet.
   - Durch diesen Einschnitt dringt man mit der Klinge bis zur Gräte ein und kann nun das Filet entlang den Gräten flach ablösen.
   - Auf der anderen Seite verfährt man genauso. Man erhält also 4 Filets, davon 2 kleine.
   - Die weiße und die schwarze Haut abziehen.
   - Die dickeren Filets in 4 Stücke teilen und die kleineren in 2. Das gibt 12 mehr oder weniger gleichmäßige Schnitzel.
3. *Die Schalotte* feinhacken.
4. *Die Tomate* nach der üblichen Methode schälen, die Kerne ausdrücken und in gleichmäßige Würfel schneiden.

Zubereitung:

- In eine Kasserolle Kopf und Fischgräte geben, mit 30 cl Wasser auffüllen, zum Kochen bringen, 20 Minuten kochen lassen und durch ein feines Spitzsieb passieren. So hat man den Fisch-Fond erhalten.
- Den Boden einer langen Bratplatte ausbuttern, die gehackte Schalotte dareingeben, die Filets mit Salz und Pfeffer würzen und sie nebeneinander auf die Platte legen.
- Mit dem Weißwein und dem lauwarmen Fisch-Fond auffüllen. Das Ganze mit einem gebutterten Schwefelpapier bedecken.
- Die Platte auf den Herd stellen, aufkochen lassen und dann 6 Minuten ziehen lassen.
- Die Platte vom Feuer nehmen, die Kochflüssigkeit in eine kleine Kasserolle füllen und auf 3/4 ihres Volumens einkochen lassen. Die Sahne zufügen, wieder aufkochen lassen und die Sauce von neuem reduzieren (einkochen).
- Weiter ziehen lassen, bis ungefähr 20 cl Sauce übrigbleibt.
- Mit Salz, Pfeffer und Zitronensaft würzen.
- Die Gurken abtropfen und sie mit der Tomate in eine Kasserolle mit kochendem Salzwasser für 1 Minute geben.
- Sie herausnehmen und der Sauce zufügen.

Anrichten:

Sich vergewissern, daß keine Flüssigkeit mehr in der Platte ist, das Schwefelpapier abnehmen und die Filets mit der Sauce begießen, danach die Gurken und die Tomate darauflegen.

Noch ungefähr 1 Minute auf dem Feuer erwärmen, die grobgehackte Petersilie daraufgeben und in der Platte servieren.

Junge Ente mit Johannisbeeren

Zubereitungszeit: 1 Stunde
Kochzeit: 20 Minuten

Zutaten für 4 Personen:

2 junge Barbarie-Enten von je 2 kg
300 g schwarze frische oder tiefgefrorene Johannisbeeren (je nach Saison)
4 cl Cassis-Likör
1 Eßlöffel Johannisbeer-Konfitüre
10 g Puderzucker
10 cl Weinessig
Erdnußöl
80 g Butter
25 cl Demi-Glace vom Kalb (siehe Rezept Seite 24)
Salz, Pfeffer

Vorarbeiten:

1. *Zubereitung der Enten:* Ausnehmen und zusammenbinden, mit Salz und Pfeffer würzen. In eine Kasserolle mit dickem Boden geben, mit einem Löffel Erdnußöl begießen und so 20 Minuten schmoren lassen. Umwenden, die Enten sollen auf allen Seiten gleichmäßig Farbe nehmen. Sie auf eine Servierplatte legen und mindestens 1 Stunde ruhen lassen.
2. *Die Johannisbeeren:* Die schwarzen Johannisbeeren 5 Minuten mit 6 cl Wasser und 20 g Zucker in einer bedeckten Kasserolle kochen.
3. *Entbeinen der Enten:* Auf den Rücken legen, die Fäden ablösen, mit dem Tranchiermesser die 4 Schenkel im Kugelgelenk abschneiden, dann am Brustknochen einschneiden bis zum Flügelgelenk, das man zusammen mit der Brust abschneidet.
   - Gleichfalls die Mini-Filets (der längliche Teil, der am Gerippe sitzt), ablösen, das Skelett mit Hilfe eines großen Messers zerteilen, nachdem man den Steiß entfernt hat.
4. *Die Sauce:* Weinessig und Johannisbeer-Konfitüre in eine Kasserolle geben und einkochen lassen.
   - Die Sauce soll karamelisieren.
   - Dann mit Cassis-Likör ablöschen.

- Die Demi-Glace (eingedickte Brühe) zugeben, ebenfalls das zerhackte Skelett und den Saft aus den Johannisbeeren.
- Aufkochen lassen und dann auf eine Ecke der Herdplatte ziehen.
- 20 Minuten leicht kochen lassen, dabei den entstehenden Schaum mit einem Schaumlöffel abnehmen.
- Durch ein feines Spitzsieb passieren, indem man auf die Knochen drückt, und danach mit Butter montieren.
- Die gut abgetropften Johannisbeeren hinzufügen und abschmecken. Die Sauce soll weder zu süß noch zu salzig sein.

Anrichten:

Die Schenkel in 2 Teile schneiden und die Filets jeweils in 4 feine Scheiben zerschneiden.

Die Schenkel kreuzweise in die Mitte der Servierplatte legen, die feinen Scheiben wie eine Krone darumlegen, die einen die anderen leicht überlappend.

Das Ganze einige Sekunden lang erhitzen und dann die kochende Sauce darübergießen.

Junger Puter in Vinaigrette

Zubereitungszeit: 1 Stunde
Kochzeit: 2 Stunden

Zutaten für 8 Personen:

1 junger Puter von 3 Kilo
160 g Trüffel (wahlweise)
8 kleine Möhren
8 Rübchen
1 dicke Sellerieknolle
8 Stangen Lauch
1/2 Blumenkohl
1 Zweig Staudensellerie
4 cl Weinessig
8 cl Nußöl
1/2 Zitrone
1 Teelöffel weißer Senf
1 Thymianzweig
1/2 Lorbeerblatt
Kerbel
Salz, Pfeffer

Vorarbeiten:

1. *Der Puter:* Ausnehmen. Um die Arbeit zu erleichtern, die sogenannte »Gabel« herausziehen, das heißt, die zwei kleinen Knochen, die ein großes V bilden, das sich vor dem Magen befindet. Man sticht vorher das Fleisch ein, das diese Knochen umgibt, und zieht sie dann heraus.
   - Die Schenkel entsehnen, indem man am inneren Teil des Fußes einen Einschnitt macht.
   - Sind die Sehnen freigelegt, kann man sie eine nach der anderen mit einer großen Nadel herausziehen.
   - Die Füße vor dem Gelenk abtrennen.
   - Bridieren (Zusammenbinden) und die Oberfläche mit der Hälfte der Zitrone abreiben, damit die Haut weiß bleibt.
2. *Die Gemüse:* Karotten und Rübchen schälen.
   - Die beiden Sellerie in dicke Stäbchen schneiden, die 8 Weiß vom Lauch aufheben und zusammen mit dem Grünen vom Selleriezweig ein Kräutersträußchen binden, Thymian und Lorbeerblatt.

- Den Blumenkohl reinigen und schneiden und ihn in 8 Teile zerlegen.

3. *Die Sauce:* In einer Salatschüssel den Senf, das Salz, den Pfeffer, den Weinessig vermischen und das Nußöl nach und nach einarbeiten.
4. *Die frischen Trüffel:* Feinschneiden und im letzten Augenblick in die Vinaigrette geben.

Zubereitung:

- In einen großen gußeisernen Topf legt man den Puter und bedeckt ihn mit Wasser, Hals, Füße und andere Geflügelabfälle, sofern man sie hat, gibt man dazu.
- Mit grobem Salz würzen und aufkochen lassen. Nun entschäumen, das Kräutersträußchen zufügen und sanft weiterkochen lassen.
- Nach 1 Stunde und 10 Minuten fügt man die Gemüse hinzu mit Ausnahme vom Blumenkohl, der 10 Minuten in einer Kasserolle mit Bouillon gekocht wird, die man dem großen Topf entnimmt.
- Nun noch 20 Minuten nach erneutem Aufkochen ziehen lassen und dann vom Feuer nehmen.

Anrichten:

Die Fäden vom Puter abnehmen und ihn auf einer großen Platte, von den Garniturzutaten umgeben, servieren.

Die Vinaigrette gibt man in eine Sauciere.

Hat man *keine* Trüffel benutzt, gibt man eine kleine Handvoll Kerbel-Blätter in die Sauce.

Der Puter wird wie ein Huhn tranchiert.

Nachdem man die Schenkel, die man mit einer zweizackigen Küchengabel festhält, tranchiert hat, schneidet man – parallel zum Brustbein – das weiße Brustfleisch ab, und zwar in so feinen Scheiben wie möglich. Erst ganz zum Schluß trennt man die Flügel ab.

Taube mit ungeschälten Knoblauchzehen

Zubereitungszeit: 30 Minuten
Kochzeit: 20 Minuten

Zutaten für 4 Personen:

4 Tauben
24 ungeschälte Knoblauchzehen
100 g Butter
10 g Leber von der Stopfgans (wahlweise)
3 cl Cognac
10 cl weißer Geflügel-Fond (siehe Rezept Seite 22)
Salz, Pfeffer

Vorarbeiten:

1. *Die Tauben:* Ausnehmen und die Lebern in einer Schüssel aufbewahren. (Im Gegensatz zu anderen Vogellebern enthält die Taubenleber keine Galle.)
   - Abflambieren, den Hals direkt am Körper abschneiden und die Flügel entfernen.
   - 10 g Butter in das Innere einer jeden Taube legen.
   - Zusammenbinden, indem man die Beine über den Bauch bindet, vorher die Sehne am Schenkel durchschneiden, mit deren Hilfe sich die Beine wieder aufrichten würden.
   - Salzen und pfeffern.
2. Die Knoblauchzehen von der Zwiebel abschneiden, ohne jedoch die Haut abzuziehen.
3. Die Gänseleber durch ein Sieb drücken.

Zubereitung:

● In einer Schmorpfanne Butter erhitzen, die Tauben hineingeben und auf allen Seiten anbräunen.
● Dann die Tauben von allen Seiten mit den Knoblauchzehen umgeben, den Ofen auf 220 Grad vorwärmen und 20 Minuten hineinschieben, indem man häufig mit dem Saft übergießt. Danach warm stellen.

Die Bindung:

In der gleichen Schmorpfanne die Taubenlebern mit den restlichen Knoblauchzehen angehen lassen, mit dem Cognac ablöschen, das Ganze durch ein Sieb auf die durchpassierte Gänseleber geben.

Vollenden:

Den Geflügel-Fond (oder falls man keinen hat, Wasser) in dieselbe Schmorpfanne geben, aufkochen lassen und mit dem gewonnenen Püree von Knoblauch und Leber binden.

Die Fäden abnehmen und die Tauben für 2 bis 3 Minuten in diese Sauce legen.

Abschmecken.

Anrichten:

Die Tauben auf eine Servierplatte legen, mit der Sauce übergießen und die Knoblauchzehen herumlegen.

Begleitung: Feine Bratkartoffeln (siehe Rezept Seite 223).

Gold-Täubchen

Zubereitungszeit: 45 Minuten
Kochzeit: 28 Minuten

Zutaten für 4 Personen:

4 Täubchen
1 Kilo Knollensellerie
3 Teelöffel englischer Senf als Puder
2 Teelöffel Dijon-Senf
frische Weißbrot-Krümel
2 cl Cognac
60 cl Weißwein
150 g Butter
Salz, Pfeffer

Vorarbeiten:

1. *Die Tauben:* Ausnehmen. Den Hals, die Köpfe und die Füße abtrennen. Flambieren und zusammenbinden.
   - Den Dijon-Senf mit 2 cl Weißwein vermischen, damit die Vögel einreiben, sie dann in den Weißbrot-Bröseln wälzen, die nun fest auf den Tauben kleben müssen.
   - 30 g Butter zerlassen, die Tauben darin rollen und noch einmal panieren.
2. *Sellerie:* Dick schälen, in olivenförmige Stücke von 4 cm Länge schneiden, 8 Minuten in kochendem Salzwasser abbrühen.
   - Abschrecken und über einem Sieb abtropfen lassen.

Zubereitung:

- Die Kasserolle muß groß genug sein, um die 4 Tauben und ihre Garnitur aufzunehmen. Den Rest der Butter hineingeben, erhitzen und die Tauben in die Kasserolle legen, sobald die Butter schaumig geworden ist.
- 10 Minuten bei starker Hitze die Tauben goldbraun werden lassen und dann die Selleriestücke herumlegen.
- Noch einmal 12 Minuten schmoren lassen.
- Die Tauben mit der Garnitur aus der Kasserolle nehmen. Die Kochbutter und das auf dem Boden der Kasserolle befindliche Brot warm stellen.
- Mit Cognac ablöschen, dann mit Weißwein. Vollständig einkochen lassen. Mit 6 cl Wasser auffüllen, zum Kochen bringen, den Dijon-Senf hinzugeben und die Tauben,

denen man die Fäden abgenommen hat, zusammen mit ihrer Garnitur für 2 bis 3 Minuten hineinlegen.

- Abschmecken und eventuell nachwürzen.

Anrichten:

Man schneidet die Tauben mit dem Tranchiermesser der Länge nach in der Mitte durch, legt sie auf eine Servierplatte und gruppiert die Selleriestücke um die Vögel. Das Ganze mit der Sauce übergießen, in der das braun gewordene Brot einen sandfarbenen und goldenen Anblick verleiht.

Hähnchen mit Chicon*

Zubereitungszeit: 30 Minuten
Kochzeit: 45 Minuten

Zutaten für 4 Personen:

1,6 kg Hähnchen
1 kg Chicons (Chicorée)
1/2 Liter Crème double
20 g Butter
1/4 Zitrone
Salz, Pfeffer, Mehl

Vorarbeiten:

1. *Hähnchen:* Ausnehmen, Kopf und Hals abschneiden, und das Gelenk in einen kleinen Einschnitt stecken, den man in die Seiten macht.
   – Mit einem Tranchiermesser schneidet man das Hähnchen vom Hals bis zum Sterz auf der ganzen Länge des Rückens durch und öffnet den Körper, ohne daß man die beiden Seiten voneinander ganz abtrennt. Die Wirbelsäule und die kleinen Knochen des Skeletts herauslösen.
2. *Der Chicon (Chicoré):* Die Stücke sollen von gleicher Größe sein, mit sehr festen und weißen Blättern.
   – Unten und oben beschneiden, die nicht ganz einwandfreien Blätter herausnehmen, dann der Länge nach in eine große Julienne (Streifen) schneiden, waschen und auf einem Tuch abtrocknen.

Zubereitung:

- Das Hähnchen salzen und pfeffern und in Mehl wälzen.
- In einem gußeisernen Topf von entsprechender Größe die Butter erhitzen.
- Das Hähnchen mit der Hautseite nach unten auf den Boden des Gefäßes legen und Farbe nehmen lassen, dann umwenden und die andere Seite bräunen.
- Den Chicon ganz herumlegen, den Topf zudecken und zusammen mit dem Huhn 15 Minuten lang schwitzen lassen.

* *Anmerkung des Herausgebers:* Chicon wird in Deutschland im allgemeinen mit Chicorée bezeichnet, in Frankreich oft auch mit Endives, auf deutsch also Endivien.

- Sahne zufügen, aufkochen lassen und den Kochvorgang sanft beenden.
- Mit einer Bridier-Nadel am Schenkel-Gelenk in das Fleisch stechen: Der herausschießende Saft darf nicht mehr blutig sein. Ist er es jedoch, so läßt man noch einige Minuten weitergaren.

Anrichten: Mit Salz und Pfeffer abschmecken, den Zitronensaft hinzufügen und das Hähnchen in dem Topf servieren.

Hähnchen in Weinessig

Zubereitungszeit: 30 Minuten
Kochzeit: 25 Minuten

Zutaten für 4 Personen:

1 Hähnchen von 1,5 kg
80 g Butter
30 cl Weinessig
2 frische Tomaten
1 Eßlöffel Tomatenmark
12 ungeschälte Knoblauchzehen
1 Möhre
1 Zwiebel
in Weinessig eingelegter Meer-Fenchel* (oder Kerbel)
1 Kräutersträußchen
Salz, Pfeffer

Vorarbeiten:

1. *Das Hähnchen:* Ausnehmen und in folgender Weise zerlegen: Mit einem Messer die Schenkel abschneiden, das untere Ende des Fußes abtrennen.
   - Die Flügel abtrennen, indem man einen guten Teil des Brustfleisches daranläßt.

   Die Flügel am zweiten Gelenk auseinandertrennen.
   - Nun die Brust über ihre ganze Breite ablösen und der Länge nach in zwei Hälften schneiden.
   - Die Teile mit Salz und Pfeffer würzen.
2. *Fond:* Skelett, Flügel, Hals, Füße, Möhre, Zwiebel.
   - Das Ganze mit Wasser bedecken, 30 Minuten kochen lassen, den Fond durch ein Sieb passieren und entfetten.

Zubereitung:

● Man wählt einen Topf, der groß genug ist, um die Stücke aufzunehmen, so daß sie sich nicht drücken. Aufs Feuer

* *Anmerkung des Herausgebers:* Meer-Fenchel ist ein Doldenblütler mit grünlich-gelben Blüten, dicken, saftigen Blättern. Eingelegter Meer-Fenchel wird heute auf südeuropäischen Märkten verkauft. Kräftiger, aromatischer, etwas salziger Geschmack.
In Deutschland schwierig zu bekommen. Deshalb die Empfehlung, anstelle von Meer-Fenchel Kerbel zu verwenden.

setzen, 10 g Butter schmelzen lassen, die Hähnchenteile Seite an Seite mit der Haut nach unten hineinlegen, den Topf nicht zudecken.

- Nach 5 Minuten die Stücke umdrehen und auf der anderen Seite Farbe nehmen lassen.
- Den ungeschälten Knoblauch zufügen, jetzt zudecken und 20 Minuten kochen lassen.
- Den Deckel etwas zurückziehen, die Kasserolle neigen und das Fett in eine Schale abgießen.
- Dann mit dem Weinessig ablöschen, einkochen lassen, das Tomatenmark zufügen, ebenso die zerdrückten frischen Tomaten und das Kräutersträußchen.
- Den Topf zudecken und 10 Minuten kochen lassen.
- Die Hähnchen-Teile herausnehmen und mit dem vorher hergestellten Fond auffüllen.
- Solange kochen lassen, bis man eine Menge Sauce erhält, mit der man ungefähr die Hälfte der Geflügel-Teile zudecken kann.
- Die 70 g verbleibende Butter mit dem Schneebesen einarbeiten, durch ein Spitzsieb passieren und dabei stark auf die ungeschälten Knoblauchzehen drücken. Zweck dieser Methode: die Sauce zu binden und ihr einen sehr persönlichen Geschmack zu geben.

Anrichten:

Man legt die Geflügelteile auf eine Servierplatte, indem man sie übereinandertürmt, gießt die Sauce darüber, bestreut das Ganze mit gehacktem Meer-Fenchel oder Kerbel.

Hähnchen in Provence-Kräutern

Zubereitungszeit: 30 Minuten
Kochzeit: 1 Stunde, 10 Minuten

Zutaten für 4 Personen:

1 Hähnchen von 1,5 kg
35 g Petersilie
15 g Estragon
10 g Kerbel, entstielt
10 g Basilikum
10 g Minze
1 Zweig Thymian
1/2 Lorbeerblatt
1 Zweig Rosmarin
1 Blatt Salbei
2 cl Zitronensaft
270 g Butter
180 g Reis
Salz, Pfeffer

Vorarbeiten:

1. *Die Kräuterbutter:* Folgende Kräuter waschen: Petersilie, Estragon, Kerbel, Basilikum und Minze – abtropfen lassen, in einem Tuch abtrocknen. 1/3 davon nehmen und feinschneiden.
   - 180 g weiche Butter mit den geschnittenen Kräutern vermischen, Salz, Pfeffer und Zitronensaft zufügen.
   - Das Ganze sorgfältig vermischen.
2. *Das Hähnchen:* Abflambieren und ausnehmen. Auf den Rücken legen, mit der Brustseite zu sich selbst, also quer gelegt.
   - Die Haut auf der gesamten Oberfläche leicht ablösen (nicht abziehen), indem man mit den Fingern zwischen Fleisch und Haut entlangfährt. Darauf achten, daß man die Haut nicht einreißt!
   - In jede Brustseite (Filet) über die ganze Länge einschneiden und mit der Hälfte der Kräuterbutter füllen, die andere Hälfte wird unter die Haut geschoben.
   - Das Hähnchen zusammenbinden, von innen und außen mit Salz und Pfeffer würzen.
3. *Reis:* In Sieb unter starkem Wasserstrahl waschen.

Zubereitung:

- *Das Hähnchen:* In einem ovalen, gußeisernen Topf den Rest der Butter (90 g) schmelzen lassen. Das Hähnchen auf einen Schenkel legen, Farbe nehmen lassen und auf die andere Seite drehen. Das Anbräunen überwachen und dann das Hähnchen auf den Rücken legen.
- Dieser Vorgang soll nicht länger als 10 Minuten dauern.
- Das Geflügel mit dem Rest der Kräuter und mit dem Thymian, dem Lorbeerblatt, dem Rosmarin und dem Salbeiblatt umgeben.
- Den Topf zudecken und sehr sanft auf der Ecke des Herdes kochen lassen.
- Im Verlauf des Kochens das Hähnchen häufig mit dem Sud begießen, die Kräuter dürfen nicht anbrennen. Die Kochzeit sollte ungefähr 1 Stunde und 10 Minuten betragen.
- *Reis:* In viel Salzwasser für 18 Minuten geben, etwas abkühlen und auf einem Sieb abtropfen, das man über einen Dampftopf stellt.

Vollenden:

Die Fäden vom Hähnchen abnehmen, es auf eine heiße Platte setzen, mit der Kräuter-Garnitur bedecken und den Topf noch auf dem Feuer lassen.

Thymian, Rosmarin und Salbei herausnehmen.

Den Reis auf eine Platte geben und mit 8 Eßlöffeln Sauce aus der Kochbutter begießen, die an die Oberfläche gestiegen ist. Salzen und, mit einem Schwefelpapier bedeckt, in den Ofen schieben.

Die restlichen Säfte auf dem Boden der Kasserolle karamelisieren lassen. Dann 10 cl Wasser zugeben, damit man einen leicht grünlich-braunen Jus erhält. Einkochen lassen, bis auf den Rest von zwei guten Eßlöffeln pro Person.

Anrichten:

In einer tiefen Platte das Geflügel auf dem Rücken mit den Kräutern und dem Kochsud bedeckt präsentieren.

Den Reis extra servieren.

Bouillon-Fondue

Zubereitungszeit: 40 Minuten
Kochzeit: einige Minuten

Zutaten für 4 Personen:

200 g Rinderfilet
180 g Kalbsfilet
180 g Hähnchen-Brust
1 Liter weißer Geflügel-Fond (siehe Rezept Seite 22)
4 cl Weinessig
150 g Möhren
1 Weißes vom Lauch
1 mittelgroße Zwiebel
4 weiße Sellerieblätter
1 Zweig Estragon
4 frische Feigen (in der Saison)
1 Teelöffel Tomatenmark
Salz, Pfeffer

Das Besondere an diesem Gericht besteht darin, daß jeder Gast sein Fleisch selbst kocht und sich nach Geschmack und Appetit der Beilagen und der Brühe bedient. Dabei steht der Topf mit der Brühe auf einem Rechaud in der Mitte des Tisches.

Vorarbeiten:

1. *Das Fleisch:* Sorgfältig parieren (von Fett, Sehnen und Abfällen befreien) und in Medaillons von 20 bis 25 g pro Stück schneiden. Die Stücke in Form einer Rose auf eine Porzellanplatte legen und mit den weißen Sellerieblättern und einigen Zweigen frischen Estragons dekorieren.
2. *Die Gemüse:*
   - Die Möhren schälen und sie der Länge nach zweiteilen, dann auf der Mandoline in sehr feine Scheiben raffeln.
   - Die äußeren Blätter des Lauchs abnehmen, ohne den Stengel zu zerteilen und das Weiße in 8 gleichmäßige Scheiben schneiden.
   - Die Zwiebel in dicke Scheiben schneiden.
   - Die Feigen schälen und sie ganz lassen.

Zubereitung:

- Einen Fondue-Topf wählen, der zu dem Rechaud paßt.
- Den Geflügel-Fond hineingeben, das Tomatenmark und den Weinessig zugeben.
- Aufkochen lassen.
- Die Möhren und die Feigen zufügen und 5 Minuten kochen lassen.

So wird dieses Gericht gegessen:

– Man stellt die Platte mit dem rohen Fleisch auf den Tisch, setzt den Fondue-Topf auf das Rechaud, dessen Flamme so stark sein muß, daß die Brühe gleichmäßig kocht.
– Jetzt fügt man die Zwiebel, den Lauch, den Sellerie, den Estragon und die Hälfte des Fleisches hinzu.
– Eine Minute kochen lassen.
– Mit Hilfe von Löffel und Gabel nimmt sich nun jeder Gast etwas Brühe in seinen Teller, dann dazu nach Belieben Fleischstücke und Beilagen.
– Ist die erste Hälfte des Fleisches verzehrt, gibt man den Rest der Fleischstücke in die Brühe.
– Dies ist ein fröhliches Gericht im Freundeskreis.

Die Haxen-Platte

Zubereitungszeit: 3 Stunden
Kochzeit: 4 bis 5 Stunden

Zutaten für 8 Personen:

Fleisch:
1 Rinderhaxe von ungefähr 2 kg
1 gesalzene, vordere Schweinshaxe von 1,6 kg
2 Kalbshaxen von 2,5 kg
4 Lammkeulen von 1,2 kg
8 Hähnchen-Schenkel
Rinderknochen

Gemüse:
2 kg Möhren
1,7 kg weiße Rübchen
1 kg Lauch
1 kg Staudensellerie
1,4 kg Tomaten
200 g grüne Bohnen
250 g weiße Bohnen (getrocknet)
250 g Reis

Weitere Zutaten:
12 cl Weinessig
8 cl Erdnußöl
16 cl gewöhnliches Nußöl
60 g Butter
Schalotten, Zwiebeln, Knoblauchzwiebel
Petersilie, Kerbel, Thymian, Lorbeerblatt
4 Nelken-Stangen
feines Salz, grobes Salz, Pfeffer, Zucker
2 Kräutersträußchen
Senf
kleine Gewürzgurken

Dieses Gericht besteht aus 5 verschiedenen Fleischsorten, alles Keulen (Haxen), die in 5 Gängen serviert werden. Sie werden alle gekocht und mit Gemüse-Beilagen oder verschiedenen Saucen serviert. Für die Zubereitung muß man sich viel Zeit nehmen und für das Essen einen soliden Appetit mitbringen.

Vorarbeiten:

1. *Das Fleisch:* Vom Metzger zuschneiden und parieren lassen. Bitten Sie ihn, einen Griff an der Haxe oder Keule zu lassen, damit man sie später an den Henkel oder Griff des Gefäßes binden kann. So kann man sie leichter aus dem sehr großen Topf herausziehen.
2. *Die getrockneten Bohnen:* 3 Stunden in lauwarmes Wasser einlegen. Herausnehmen und sie mit kaltem Wasser zudecken, 1 Möhre, 1 mit zwei Nelken gespickte Zwiebel, 1 Kräutersträußchen und eine Handvoll grobes Salz zufügen. Nach dem Aufkochen sorgfältig abschäumen. Die Kochzeit hängt von der Qualität der Bohnen ab.
3. *Der Reis:* In einer Pfanne eine halbe Zwiebel zwei Minuten anschwitzen lassen, den Reis zugeben und mit Salzwasser auffüllen ($1^1/_2$mal das Volumen vom Reis). Aufkochen lassen, mit einem Schwefelpapier zudecken und den Deckel daraufsetzen. Im vorgeheizten Ofen 18 Minuten kochen lassen. Die Schmorpfanne herausnehmen, 20 Minuten zugedeckt ruhen lassen und dann den Reis aufkörnen, das heißt, die Körner voneinander trennen.
4. *Die grünen Bohnen:* In viel Salzwasser auf die klassische Art kochen, so daß sie knackig bleiben.
   – Die Kochzeit kann zwischen 3 und 8 Minuten liegen.
5. *Tomaten-Sauce: (Siehe Rezept Seite 35).*
6. *Die Gemüsebeilagen:* Die Gemüse schälen und mit Hilfe eines Küchenmessers die Rübchen in 24 dicke Stücke schneiden und die Möhren in 36, den Staudensellerie in 24 Stäbchen von 5 cm Länge und 8 Weiße vom Lauch im Stück lassen.
7. *Die beiden Vinaigrette-Saucen:*
   – Für das Geflügel: 4 Eßlöffel Weinessig, Salz, Pfeffer und 8 Löffel Nußöl in eine Salatschüssel geben. Im letzten Augenblick eine Handvoll Kerbelblätter zufügen.
   – Für die weißen Bohnen: 1 Löffel Senf, 2 Eßlöffel Weinessig, Salz, Pfeffer und 4 Löffel Erdnußöl vermischen.
8. Die *Sauce »Albert Prost«* zubereiten (siehe Rezept Seite 37).

Zubereitung:

Kochzeit insgesamt: $4^1/_2$ Stunden
Schwein: 1 Stunde, 15 Minuten
Kalb: 1 Stunde, 15 Minuten
Lamm: 35 Minuten

Hähnchen: 25 Minuten
Gemüse: 30 Minuten

- Einen großen Kessel zur Hälfte mit Salzwasser füllen. Nach dem Aufkochen die Rinderhaxe hineingeben und die freien Stellen auf dem Boden mit dem Knochen bedecken. Ohne Deckel 2 Stunden brodeln lassen, dabei von Zeit zu Zeit mit einer Schaumkelle den Schaum und das Fett abnehmen, die nach oben steigen.
- Nach 2 Stunden die 2 in zwei Hälften geschnittenen Zwiebeln zugeben, die Knoblauchknolle auf der Herdplatte leicht bräunen und mit 4 Nelken spicken, dann ebenfalls zugeben und schließlich ein Kräutersträußchen hineinwerfen.
- Nun ganz leicht zum Kochen bringen, das heißt, so daß das Wasser nur an einer Stelle der Oberfläche brodelt.
- Nach $3^1/_2$ Stunden die Rinderknochen herausnehmen und sie durch die Schweine- und Kalbshaxe ersetzen.
- 30 Minuten später gibt man die Lammkeule zu, nach weiteren 5 Minuten die Gemüse, die man nach Sorten in 4 verschiedene Tücher eingeschnürt hat.
- 5 Minuten kochen lassen und als letztes die Hähnchenschenkel hineingeben.
- Nach weiteren 25 Minuten sind alle Elemente fertiggekocht. Den Topf vom Feuer nehmen und 1 Liter kaltes Wasser in die Brühe schütten.

Die 5 Gänge:

Das Tranchieren geschieht auf einer Platte vor den Gästen.

a) Als erstes wird die Schweinshaxe serviert, begleitet von den lauwarmen weißen Bohnen, die mit der Erdnußöl-Vinaigrette gewürzt werden.
b) Es folgt die Kalbshaxe mit dem Reis, wozu die Sauce »Albert Prost« gehört.
c) Dann kommen die Rinderhaxe und die in Würfel geschnittenen Gemüse, begleitet von Senf, Gewürzgurken und grobem Salz.
d) Die Lammkeule wird mit der Tomaten-Sauce serviert.
e) Zum Schluß die Geflügelschenkel mit Nuß-Öl. Dazu gibt es die grünen Bohnen, die man vorher in kochendem Salzwasser aufgewärmt hat.

Lammrücken mit Saubohnen

Zubereitungszeit: 45 Minuten
Kochzeit: 15 Minuten

Zutaten für 4 Personen:

1 Lammrücken von 2 kg
1 kg frische Bohnen (Saubohnen, Puffbohnen)
70 g Butter
20 cl Crème double
10 cl Weißwein
1 Schalotte
Salz, Pfeffer

Vorarbeiten:

1. Mit einem scharfen, spitzen festen Messer löst man die beiden dicken Filets ab, indem man an dem Knochen entlangfährt. Dann den Lammsattel umdrehen und die beiden kleinen Filets ablösen, die sich an der Unterseite befinden.
2. Dann pariert man die beiden großen Filets, läßt jedoch eine feine Scheibe Fett auf der schmaleren Seite. Die dünne Haut von den kleinen Filets abziehen.
3. Dann die Rückenknochen in Stücke hacken, was etwas schwierig ist, wenn man nicht über ein großes Hackmesser verfügt.
   - Man kann also die ganze Vorbereitung auch dem Metzger überlassen.
4. Die Bohnen entschälen, dann die Haut abziehen.
5. Die Schalotte feinhacken.

Zubereitung:

Sie geschieht in zwei Teilen:

- Braten der dicken Filets: In einer breiten Kasserolle bringt man 40 g Butter zum Schmelzen.
- Die großen Filets würzen, in die heiße Butter legen und die Zwischenräume mit den zerhackten Knochen ausfüllen.
- Auf großer Hitze braten.
- Nach 4 Minuten das Fleisch wenden, ohne jedoch mit der Gabel hineinzustechen.
- Weitere 4 Minuten braten lassen und dann warm stellen, ohne den Topf zuzudecken.

- Es ist empfehlenswert, einen Teller auf eine Platte zu stellen und das Fleisch auf den Teller zu legen, damit der Kochvorgang beendet wird und das Fleisch nicht in seinem Saft badet.
- Die kleinen Filets in der Pfanne braten: Die Kochbutter aus der Kasserolle in eine kleine Pfanne geben, erhitzen und die beiden Filets gewürzt braten.
- Auf jeder Seite 2 Minuten anbraten und sie dann zusammen mit den großen Filets warm stellen.

Die Sauce:

Das Kochfett der Kasserolle abgießen, ohne die Knochen herauszunehmen, und die gehackte Schalotte hineinwerfen.

Zwei Minuten schwitzen lassen und mit dem Weißwein ablöschen. Ist der Weißwein eingekocht, die Sahne hinzufügen. Auf sanftem Feuer kochen lassen, sobald die Sauce gebunden ist, vom Feuer nehmen.

Abschmecken und eventuell mit Salz und Pfeffer nachwürzen.

Die Bohnen:

In kochendem Salzwasser 5 Minuten lang garen, abtropfen lassen und sie in der Pfanne zusammen mit 30 g Butter braten.

Ziegenschulter mit jungen Zwiebeln

Zubereitungszeit: 30 Minuten
Kochzeit: 25 Minuten

Zutaten für 4 Personen:

2 Schultern von jungen Zicklein von ungefähr 900 g zusammen
10 neue Zwiebeln, also ca. 500 g
4 Eßlöffel Demi-Glace (siehe Rezept Seite 24)
10 cl trockener Weißwein
100 g Butter
20 Blätter Estragon
Salz, Pfeffer

Vorarbeiten:

1. Das Wichtigste ist, zwei Schultern von jungen Zicklein von guter Qualität zu beschaffen, die drei bis vier Tage abgehangen sind.
   – Nicht entbeinen, mit Salz und Pfeffer würzen.
2. Junge, weiße Zwiebeln aussuchen, schälen, ihnen aber 5 cm Stiel lassen. In 4 Stücke schneiden, den Rest der Wurzel abschneiden und ausblättern, das heißt, mit der Hand die einzelnen Schichten ablösen.
   – Diese Form der Zwiebeln gibt dem Gericht den besonderen Stil.
3. Die Estragon-Blätter abzupfen, nicht zerhacken.

Zubereitung:

- Eine Bratplatte (Bratblech), groß genug, um das Fleisch aufzunehmen, erhitzen.
- 50 g Butter schmelzen lassen und die Schultern in der heißen Butter wälzen, um ihnen eine gleichmäßige Färbung rundherum zu geben.
- Die Zwiebeln hineingeben und bei mittlerer Hitze im Ofen backen.
- 24 Minuten braten lassen, dann das Fleisch herausnehmen, die Platte aufs Feuer setzen und mit Weißwein ablöschen, den man vollständig einkochen läßt; dann 2 Wassergläser Demi-Glace zufügen.
- Von neuem 10 Minuten reduzieren, um etwa 8 gute Eßlöffel Sauce zu erhalten.
- Die Schultern wieder auf die Platte legen und einige

Minuten ziehen lassen, dabei darauf achten, daß die Zwiebelscheiben nicht zerdrückt werden.

- Den Rest der Butter einarbeiten, abschmecken und zum Schluß die Estragon-Blätter zugeben.

Servieren:

- Dieses Gericht muß ganz heiß gegessen werden.
- Das Tranchieren der Schultern muß also schnell geschehen.
- In sehr heißen Tellern servieren!
- Beilage: Kartoffeln »Mère Charles« (siehe Rezept Seite 224).

Anrichten:

Die Ziegenschultern in Scheiben von 1 cm Dicke schneiden und sie in Kronenform auf eine Servierplatte legen.

Das Innere mit den Zwiebeln garnieren.

Das Fleisch mit etwas Sauce begießen und den Rest der Sauce getrennt servieren.

Geiz-Kalb mit Senfkörnern

Zubereitungszeit: 20 Minuten
Kochzeit: 2 Minuten

Zutaten für 4 Personen:

500 g sauber parierte Kalbslende
5 cl Demi-Glace vom Kalb (siehe Rezept Seite 24) (wahlweise)
60 g Senfkörner
3 Teelöffel weißer Dijon-Senf
1 Teelöffel Estragon-Senf
50 g Butter
5 cl Erdnußöl
Salz, Pfeffer

Wir haben diese Kalbs-Zubereitung »geizig« genannt, weil das Fleisch in winzigen Schnitzeln von je 35 g serviert wird.

Vorarbeiten:

1. Die Kalbslende in 16 Schnitzelchen schneiden, also 4 pro Kopf.
   – Man schneidet die Schnitzel quer aus, das heißt, in Gegenrichtung gegen die Fleischfasern.
2. Die Schnitzel mit Salz und Pfeffer würzen und sie zwischen zwei Blatt eingeöltes Schwefelpapier legen.
   – Auf der ganzen Oberfläche gleichmäßig flachklopfen mit der Breitseite eines Hackmessers oder einem anderen breiten Messer.
   – Die Schnitzel sollen ungefähr 12 cm lang sein, 8 cm breit und nicht mehr als $^{1}/_{2}$ cm dick.
3. Das obere Blatt abnehmen und das Fleisch mit Senfkörnern »panieren«, indem man die Körner leicht eindrückt. Dann mit Papier bedecken und umwenden. Die andere Seite des Fleisches mit Hilfe eines Pinsels mit dem weißen Senf einreiben.

Zubereitung:

- In einer verzinkten Schmorpfanne Erdnußöl zusammen mit 20 g Butter erhitzen.
- Sobald das Fett raucht, die Schnitzelchen hineinlegen, ohne daß sie sich überdecken, die Seite mit den Senfkörnern nach unten.

- 1 Minute kochen lassen, dann umwenden und von neuem auf der anderen Seite 1 Minute ziehen lassen.
- Auf einer heißen Platte warm stellen, mit einem umgedrehten Teller abdecken.

Die Sauce:

- Das Fett aus der Pfanne abgießen, so daß nur der braune Saft auf dem Boden übrigbleibt, der die Sauce kräftig machen soll.
- Mit 10 cl Wasser ablöschen und ²/₃ einkochen lassen.
- Die Demi-Glace hinzufügen, von neuem einkochen lassen, bis man 6 Eßlöffel Sauce gewonnen hat. Nun die Schnitzelchen wieder hineinlegen zusammen mit ihrem Saft.
- Zudecken und auf ganz sanftem Feuer warm stellen, ohne jedoch kochen zu lassen – außerordentlich wichtig, denn das Kochen hätte nur die Wirkung, das Fleisch hart zu machen.

Anrichten:

Eine Minute vor dem Servieren legt man die Schnitzelchen auf eine sehr heiße Platte. Man legt sie zur Hälfte eins über das andere mit der Senfkörner-Seite nach oben.

Die Pfanne vom Feuer nehmen, den Estragon-Senf einrühren, den Rest der Butter in kleinen Teilchen zufügen, die Pfanne hin- und herschütteln, damit die Butter schmilzt und die Sauce bindet.

Das Fleisch mit der Sauce begießen und mit Kürbisscheiben garnieren (siehe Rezept Seite 221).

Kalbskotelett mit Kresse

Zubereitungszeit: 40 Minuten
Kochzeit: 25 Minuten

Zutaten für 4 Personen:

4 Kalbskoteletts von je 180 g
300 g Blattkresse
60 g Butter
1/4 l Crème double
1/2 Zitrone
1 Schalotte
Salz, Pfeffer

Vorarbeiten:

1. Vom Metzger 4 Kalbskoteletts von ungefähr 180 g das Stück zwischen der zweiten und fünften Rippe abschneiden lassen.
2. Die Kresse Blatt für Blatt abrupfen, waschen und abtropfen lassen, 24 Blätter beiseite legen.
3. Die Schalotte feinhacken.

Zubereitung:

- Wenn möglich, eine verzinkte Kupferpfanne nehmen, sonst eine normale große Pfanne. Sie muß die vier nebeneinanderliegenden Koteletts ohne Zwischenraum aufnehmen können.
- Die Butter hineingeben und erhitzen.
- Sobald die Butter bräunlich ist, die mit Salz und Pfeffer gewürzten Koteletts hineingeben.
- 15 bis 20 Minuten braten lassen, sie sollen auf beiden Seiten gut braun werden.
- Auf einer Platte warm stellen.
- Die gehackte Schalotte in die Kochbutter geben und zwei Minuten schwitzen lassen, ohne die Schalotte zu färben.
- Mit 5 cl Wasser ablöschen, die Kresse zugeben und schließlich die Sahne. Aufkochen lassen, die Schmorpfanne so fest wie möglich mit einem umgedrehten Deckel schließen, in den man Eisstücke legt. So formt sich der Dampf, der im Inneren entsteht, in Tröpfchen, die in die Sauce zurückfallen.
- Nach 12 Minuten den Deckel abnehmen, abschmecken und einige Tropfen Zitronensaft zufügen.

- Die Koteletts in die Sauce geben und 3 Minuten ziehen lassen.

Anrichten:

Auf einer Servierplatte anrichten und mit den zurückgehaltenen Kresseblättern dekorieren.

Beilage: Reis (Zubereitung wie in Punkt 3 der Vorarbeiten Seite 156).

Kalbsnieren mit weißen Bohnen

Zubereitungszeit: 30 Minuten
Kochzeit: 12 Minuten

Zutaten für 4 Personen:

1 kg Kalbsnieren in 4 Stücken
500 g weiße Bohnen in der Schale
40 cl Crème double
25 g Butter
15 cl Beaujolais Villages
10 cl Demi-Glace vom Kalb (siehe Rezept Seite 24)
1 Teelöffel Dijon-Senf
1 Schalotte
Petersilie
Salz, Pfeffer

Vorarbeiten:

1. *Die Nieren:* Das Fett entfernen, ohne die durchsichtige Haut der Nieren zu verletzen.
   - Innen über die ganze Länge einschneiden und die dicken Sehnen im Inneren herausschneiden.
2. *Die weißen Bohnen:* Aus der Schale nehmen und sie wie in dem Rezept Seite 156, Punkt 2 kochen.
3. *Die Schalotte:* Feinhacken.

Zubereitung:

- Die Butter in einem Topf erhitzen, die Nieren mit Salz und Pfeffer würzen und nebeneinander auf den Boden des Topfes legen, sie nach und nach umwenden, daß sie auf allen Seiten angebraten werden.
- Sind sie gut angegangen, im heißen Ofen 12 Minuten braten lassen.
- Die Nieren aus dem Topf nehmen, die gehackte Schalotte hineingeben und 1 Minute schwitzen lassen.
- Mit dem Beaujolais ablöschen und mit der Demi-Glace auffüllen. Aufkochen lassen und zur Hälfte reduzieren.
- Die Sahne zugeben und aufkochen lassen.
- Die Sauce soll nun leicht gebunden sein, aber nicht dick werden.
- Die Nieren auf ein Tuch legen und sie abtrocknen, damit das überflüssige Fett entfernt wird. Auf einem Brett in Scheiben von 1 cm Dicke schneiden.

- Den Senf in einer Schale mit etwas Sauce vermischen und dahinein die Nierenscheiben und die gut abgetrockneten Bohnen geben.
- 2 Minuten auf sanftem Feuer ziehen lassen, ohne zu kochen, was nur die Wirkung hätte, daß die Nieren hart werden.
- Sofort heiß servieren.

Mit Lauch geschmortes Kalbfleisch

Zubereitungszeit: 30 Minuten
Kochzeit: 1 Stunde und 15 Minuten

Zutaten für 4 Personen:

800 g Kalbfleisch aus der Haxe
800 g Weißes vom Lauch
10 cl trockener Weißwein
40 g Butter
10 cl Erdnußöl
20 cl Milch
40 Smyrna-Trauben (Korinthen)
Saft einer halben Zitrone
1 Kräutersträußchen
Salz, Pfeffer

Vorarbeiten:

1. Das Haxenfleisch in Würfel von 40 g schneiden.
2. Das Weiße vom Lauch in gleichmäßige Scheiben schneiden.
3. Die Smyrna-Trauben in kaltes Wasser einlegen.

Zubereitung:

- In einer Kupfer-Kasserolle mit dickem Boden oder einem Topf, der groß genug ist, um die Fleischstücke nebeneinanderliegend aufzunehmen, das Öl und die Butter erhitzen.
- Die Kalbstücke würzen und in die heiße Butter legen. 15 Minuten lang Farbe nehmen lassen und sie dabei umwenden, ohne sie einzustechen.
- Auf sanftes Feuer stellen, den Lauch zugeben und bei geschlossenem Topf 10 Minuten schwitzen lassen, ohne daß das Gemüse Farbe nimmt. Den Weißwein und das Kräutersträußchen zufügen.
- Die Milch hineinschütten und eine knappe halbe Stunde weiterkochen lassen. Die Sauce bindet sich nun von selbst.
- Prüfen, ob das Kalbfleisch gar ist, das Kräutersträußchen herausnehmen, die abgetrockneten Smyrna-Trauben und einige Tropfen Zitronensaft zugeben.
- Abschmecken und sofort servieren.

Geschmorte Kalbsbrust-Knorpel mit Schwarzwurzeln

Zubereitungszeit: 40 Minuten
Kochzeit: ca. 2 Stunden

Zutaten für 4 Personen:

4 Kalbsbrust-Knorpel, zusammen 1,2 kg
1 kg Schwarzwurzeln
150 g frischer, magerer Speck
20 kleine Zwiebeln
50 g Butter
1 Liter weißer Geflügel-Fond (siehe Rezept Seite 22)
Kerbel
Petersilie
1 Kräutersträußchen
Mehl
Salz, Pfeffer

Vorarbeiten:

1. Vom Metzger die 4 Kalbsbrustknorpel in Stücke von je 300 g schneiden lassen.
2. Mit dem Küchenmesser die Schwarzwurzeln schälen, in Stäbchen von 5 cm Länge schneiden und sie in ein Gemisch von Wasser und Weinessig einlegen.
3. Die 20 kleinen Zwiebelchen schälen.
4. Speckstreifen von 1 cm Dicke und 4 cm Länge schneiden, abbrühen, abschrecken und abtrocknen.

Zubereitung:

- Am besten nimmt man einen gußeisernen Topf, in dem die Brustknorpel nebeneinanderliegen können, ohne daß sie sich überlappen. Zunächst die Speckscheiben hineingeben und, wenn sie angegangen sind, sie mit dem Schaumlöffel wieder herausnehmen, nun die kleinen Zwiebeln hineingeben und sie in dem Fett bräunen lassen. Herausnehmen und aufheben.
- Das Kalbfleisch würzen und im Mehl rollen, dann die Stücke nebeneinander in den Topf legen und Farbe nehmen lassen.
- 20 Minuten auf sanftem Feuer ziehen lassen.
- Die Stücke herausnehmen und zusammen mit den Zwiebeln und dem Speck warm stellen.
- Die Schwarzwurzeln abtrocknen und würzen. 20 Minu-

ten in der gleichen Kasserolle angehen lassen. Das Fleisch mit den Zwiebeln und den Speckscheiben wieder hineingeben, mit dem weißen Fond aufgießen, das Kräutersträußchen hinzufügen, aufkochen lassen und den Topf hermetisch schließen.

- Den Ofen auf 150 Grad vorwärmen, auf eine Hitze also, die zu einem gleichmäßigen Kochen ausreicht, 1 Stunde und 15 Minuten im Ofen lassen.
- Die Flüssigkeit reduziert sich nun auf die Hälfte und bildet einen braunen, sirupartigen Saft.

Vollenden:

Das Kräutersträußchen herausnehmen, einige Minuten außerhalb der Hitze stehenlassen, damit das Fett nach oben steigt, bevor man es abschöpft.

Den Kerbel und die feingehackte Petersilie zugeben, abschmecken und eventuell nachwürzen.

Anrichten:

Auf einer großen Servierplatte die Brustknorpel leicht übereinandergelegt anrichten, mit der Garnitur und dem Kochsud bedecken.

Kalbskopf mit Nieren

Zubereitungszeit: 2 Stunden
Kochzeit: 2 Stunden

Zutaten für 4 Personen:

500 g Kalbskopf
100 g Kalbszunge
100 g Scheiben von Rindernieren
10 cl Weißwein
5 cl Cognac
30 cl Demi-Glace (siehe Rezept Seite 24)
2 cl Weinessig
5 cl Olivenöl
20 g Butter
150 g Kartoffeln
1 Möhre
5 Tomaten
1 Zwiebel
24 grüne Oliven
Petersilie
1 Kräutersträußchen
Mehl
Salz, Pfeffer

Vorarbeiten:

1. Kalbskopf und Zunge blanchieren (abbrühen), abschrekken und in Stücke von je 20 g schneiden.
2. Die Nieren-Scheiben für eine Stunde in kaltes Wasser legen und sie dann in mit Weinessig vermischtem Salzwasser abbrühen (blanchieren).
3. Die Kartoffeln in je 4 korkenförmige Stücke schneiden.
4. Die Oliven entkernen und abbrühen.
5. Die Tomaten abbrühen, die Haut abziehen, Kerne und Wasser ausdrücken und in Würfel schneiden.
6. Die Möhren schälen und zusammen mit den Zwiebeln als Mirepoix in Würfel schneiden.

Zubereitung:

- In einem Topf das Öl erhitzen und die Stücke vom Kalbskopf und der Zunge angehen lassen.
- Dabei ständig mit einem Holzspachtel umrühren, damit der Saft auf dem Boden nicht anklebt. 25 Minuten schmoren.

- Das Mirepoix von Möhren und Zwiebeln zufügen und 5 Minuten schwitzen lassen.
  Mit dem Cognac ablöschen, dann mit dem Weißwein und schließlich mit der Demi-Glace auffüllen.
- Das Kräutersträußchen zufügen und den Topf bedecken. Für eine Stunde kochen lassen.
- Die Kartoffeln zufügen und von neuem 30 Minuten kochen.
- Die Kalbsnieren in Stücke von 5 cm Länge schneiden, in Mehl wälzen und in einer Pfanne in Butter anbräunen, dann mit Weinessig ablöschen.

Vollenden:

Zu dem Kalbskopf die gebratenen Nieren zugeben sowie die abgebrühten Oliven, abschmecken, vor allem mit Pfeffer nachwürzen.

Das Ganze 10 Minuten leicht ziehen lassen und mit der kleingehackten, frischen Petersilie vollenden.

Sehr heiß servieren.

Rinderkotelett in Fleurie (Beaujolais)

Zubereitungszeit: 30 Minuten
Kochzeit: 30 Minuten

Zutaten für 4 Personen:

1 pariertes Rinderkotelett von 1,3 kg
20 cl Fleurie (Beaujolais)
2 graue Schalotten
120 g Rindermark
180 g Butter
4 Löffel Fleisch-Glace (siehe Rezept Seite 25)
Salz, Pfeffer

Vorarbeiten:

1. *Das Rind:* Den Metzger bitten, ein Stück zwischen der zweiten und dritten Rippe zu parieren und den Knochen am Ende freizulegen, das heißt, einen Stiel zu machen.
2. *Das Mark:* Am Tag vorher besorgen und 12 Stunden in kaltem Wasser ausschwemmen.
3. *Die Schalotte:* Feinhacken.

Zubereitung:

- Das Rinderkotelett mit Salz und Pfeffer würzen, in einer verzinkten Kupferpfanne in 40 g braun gebratener Butter angehen lassen.
- 15 Minuten auf jeder Seite braten und dabei häufig mit dem Kochsud begießen.
- Das Fleisch auf eine Platte geben, die man mit einem umgewendeten Teller zudeckt, damit es nicht in seinem Saft »badet«.
- Die gesamte Kochzeit ist einschließlich des Ausruhens auf der gewärmten Platte auf 20 Minuten berechnet.
- In dieser Zeit das Rindermark pochieren: In Scheiben von 1 cm Dicke schneiden und in eine kleine Kasserolle geben, mit Salzwasser bedecken. Langsam aufkochen lassen und dann vom Feuer nehmen.

Die Sauce:

- Das Kochfett in eine Pfanne geben, die gehackte Schalotte zufügen und langsam anschwitzen lassen. Mit dem Rotwein ablöschen, dann die Fleisch-Glace hinzufügen und zur Hälfte einkochen lassen.
- Die Pfanne vom Feuer nehmen und die Butter in kleinen

Stücken mit dem Schneebesen heftig schlagend einarbeiten.

- Die Sauce jetzt auf 70 Grad halten, sie darf *nicht mehr kochen.* Würde man die Temperatur erhöhen, würde die Sauce umkippen und man müßte sie mit kaltem Wasser neu aufschlagen.
- Abschmecken und durch ein feines Spitzsieb passieren.

Anrichten:

Das Kotelett in der Pfanne mit der Kochbutter erwärmen. Auf eine Servierplatte legen und mit der Fleurie-Sauce begießen, in die man den restlichen Fleischsaft von der Platte eingearbeitet hat.

Das Rindermark auf einem Tuch abtrocknen lassen und vorsichtig auf das Kotelett placieren.

Das Fleisch in 8 Scheiben parallel zum Knochen schneiden und mit einem Kartoffel-Gratin als Beilage servieren (siehe Rezept Seite 218).

Entrecôte (Zwischenrippenstück) 10 Sekunden

Zubereitungszeit: 30 Minuten
Kochzeit: 20 Sekunden (für das Entrecôte)

Zutaten für 4 Personen:

1,2 kg Entrecôte (Rohgewicht)
10 cl Beaujolais Villages
2 Eßlöffel Erdnußöl
8 cl Weinessig
80 g Butter
2 mittelgroße Zwiebeln
½ Eßlöffel Tomatenmark
1 Zweig Thymian
Kerbel, gewöhnliche Petersilie, Estragon
Salz, Pfefferkörner

Die Sauce:

Eine flache Pfanne erhitzen, die gehackten Zwiebeln in 20 g Butter 5 Minuten angehen lassen, dabei mit einem Holzlöffel umrühren, nicht Farbe nehmen lassen.

- Mit Weinessig ablöschen und vollständig einkochen lassen.
- Den Rotwein, 2 g zerdrückte Pfefferkörner, Tomatenmark und Thymian zugeben, leicht mit grobem Salz würzen und 20 Minuten auf der Ecke der Herdplatte ziehen lassen.
- 3 Eßlöffel Sauce sollen übrigbleiben.
- Die Thymianblätter abziehen und zugeben, 30 g Butter in kleinen Teilchen mit dem Schneebesen heftig einrühren. Abschmecken und die Sauce warm stellen. Sie darf nicht mehr kochen.

Das Entrecôte:

- ● 12 sehr feine Scheiben Entrecôte schneiden, die aus dem Stück zwischen der dritten und vierten Rippe stammen sollen. Jede Scheibe soll ungefähr 50 g wiegen. Vorsichtig würzen.
- ● 20 g Butter und 3 Eßlöffel Öl in einer sehr großen Pfanne erhitzen (das Öl gestattet eine größere Hitze).
- ● Beginnt das Fett zu dampfen, die Entrecôte-Scheiben hineingeben. Ohne sie einzustechen, auf jeder Seite 10 Sekunden anbraten.

- Dann die gebratenen Entrecôtes auf einen umgewendeten Teller legen, den man auf eine heiße Platte stellt.
- Der ganze Vorgang soll so schnell wie möglich abrollen, damit das geschnittene Fleisch zart bleibt.

Anrichten:

4 heiß vorgewärmte Teller: je 3 Entrecôtes nebeneinander darauflegen.

Die heiße Sauce daraufgeben, indem man mit dem Rücken eines Löffels die Sauce darüberstreicht.

Mit Petersilie, Kerbel und Estragon-Blättern bestreuen.

Beilage: In Butter gebratene Kartoffelscheiben (siehe Rezept Seite 223). Sofort servieren.

Kleine Rinderfilets mit Schalotten

Zubereitungszeit: 20 Minuten
Kochzeit: 5 Minuten

Zutaten für 4 Personen:

840 g pariertes Rinderfilet
5 cl Weinessig
10 cl Crème double
20 cl Demi-Glace vom Kalb (siehe Rezept Seite 24)
60 g Butter
80 g Schalotten
Salz, Pfeffer

Vorarbeiten:

1. *Die Filets:* Aus der vollkommen sauber parierten Filet-Spitze 24 Stücke von 2 cm Dicke und je 35 g schneiden.
2. *Die Schalotten:* Es ist wichtig, daß man sie erst im letzten Augenblick in grobe Stücke hackt.

Zubereitung:

- Man wählt eine Pfanne mit dickem Boden, groß genug, um die Filetstücke nebeneinanderlegen zu können.
- Das Fleisch vorsichtig mit Salz und Pfeffer würzen, 25 g Butter erhitzen und die Stücke hineinlegen.
- Das Fleisch auf jeder Seite 2 Minuten angehen lassen.
- Das Fleisch herausnehmen und auf einem umgedrehten Teller auf einer heißen Platte warm halten, damit der Saft abfließen kann.

Die Sauce:

Die Kochbutter abgießen (man kann sie für die Gemüse-Beilage wieder benutzen). Mit Weinessig ablöschen und gänzlich einkochen lassen.

- Die Demi-Glace und die Sahne zugeben. Auf der Ecke des Herdes aufkochen lassen und reduzieren, bis 8 Eßlöffel Sauce übrigbleiben.
- Den Saft, der vom Fleisch abgelaufen ist, zufügen.
- Vom Feuer nehmen und den Rest der Butter mit dem Schneebesen einarbeiten.
- Abschmecken.
- Die Filets für 20 Sekunden in die Sauce legen und erwärmen, ohne kochen zu lassen.

Anrichten: Die kleinen Filets auf eine sehr heiße Servierplatte geben, mit der Sauce begießen und die frisch gehackten Schalotten-Würfel darübergeben.

Je nach Saison Pilze als Beilage servieren.

Rohes Filet mit Senfsauce

Zubereitungszeit: 30 Minuten

Zutaten für 4 Personen:

560 g Entrecôte (»Herzstück«)
80 Kresse-Blätter
Salz
Dijon-Senf-Sauce (siehe Rezept Seite 38)

Ein Rippenstück an der ersten Rippe auswählen, das völlig unbeschädigt ist.

Das Fleisch soll mindestens 15 Tage abgehangen sein. Außerdem soll es »marmoriert«, das heißt, reichlich mit Fettfasern durchsetzt sein.

Zubereitung:

1. Die Kresseblätter von den Stielen trennen, unter fließendem Wasser reinigen und abtrocknen.
2. Das Fleisch mit Hilfe eines feinen Messers in sehr feine Scheiben schneiden.

Anrichten:

4 große kalte Teller mit den leicht gesalzenen Fleischscheiben vollständig bedecken.

Mit einem Eßlöffel gießt man die Senf-Sauce in Streifen darauf.

Mit den Kresse-Blättern harmonisch dekorieren.

Dazu altbackenes Schwarzbrot servieren.

Geschmückter Stroh-Schinken

Zubereitungszeit: 45 Minuten
Kochzeit: 10 Minuten

Zutaten für 4 Personen:

4 Scheiben zu je 120 g Schinken aus Roanne (Koch-Schinken)
2 Gemüserollen (siehe Rezept Seite 229)
140 g Butter
½ Zitrone
Salz, Pfeffer

Der Schinken von Roanne wird in Stroh gegart und mit grünem Pfeffer gespickt. Dieses Rezept kann auch mit York- oder mit Pariser Schinken ausgeführt werden.

Zubereitung:

- *Der Schinken:* Die 4 Scheiben Schinken in einer Pfanne mit 20 g Butter auf beiden Seiten bräunen und sie dann auf eine Servierplatte legen.
- *Die Butter:* 5 cl Wasser in einer kleinen Kasserolle erhitzen, dann in kleinen Stücken die Butter bis zur vollständigen Bindung einarbeiten, salzen, pfeffern und einige Tropfen Zitronensaft zufügen.
- *Die Gemüse:* Die Gemüserolle in 12 Teile von 1 cm Dicke schneiden.

Anrichten:

Auf 4 heiße Teller legt man die Schinkenscheiben, dekoriert die Gemüse in der Mitte und rollt die Enden aus, um den ganzen Teller damit gleichmäßig zu bedecken.

Mit der geschmolzenen Butter begießen.

Schweine-Koteletts mit gemischter Sauce

Zubereitungszeit: 20 Minuten
Kochzeit: 40 Minuten

Zutaten für 4 Personen:

4 parierte Schweine-Koteletts von je 180 g
40 g Butter
1 Tomate
1 dicke Zwiebel
4 geschälte Knoblauchzehen
30 cl Demi-Glace vom Kalb (siehe Rezept Seite 24)
1 Orange (ungespritzt)
½ Zitrone
4 Blätter Minze
Salz, Pfeffer

Vorarbeiten:

1. Am besten läßt man die Koteletts vom Metzger schneiden und parieren, das heißt, die Rippe verkürzen, vom Rückgrat lösen und das überschüssige Fett abschneiden. Mit Salz und Pfeffer würzen.
2. Die Orange sorgfältig schälen, entkernen und in runde Scheiben schneiden.
3. Die Tomate in Scheiben schneiden und die Kerne herausnehmen.
4. 4 kleine Knoblauchzehen aussuchen, sie schälen, in zwei Hälften der Länge nach teilen und 5 Minuten abbrühen.
5. Die Zwiebel grob hacken.

Zubereitung:

- Die Hälfte der Butter in einer Schmorpfanne erhitzen, die Koteletts nebeneinander hineinlegen.
- 5 Minuten angehen lassen, wenden und von neuem 5 bis 6 Minuten braten lassen, die Hitze vermindern, damit sie sanft gar werden, und sie von Zeit zu Zeit 15 Minuten lang umwenden.
- Wenn sie gar sind, auf eine Servierplatte legen und warm stellen.

Die Sauce:

Im Schmorfett die Zwiebel mit dem Knoblauch angehen lassen, von Zeit zu Zeit umrühren, bis alles dunkelbraun geworden ist.

Die Schmorpfanne bedecken, sie neigen und das Fett in eine Schale abgießen, ohne daß die Beilagen herausfallen.

Mit dem Saft einer halben Zitrone ablöschen, die Minz-Blätter hinzufügen, ebenso die Tomaten- und Orangenscheiben. Die Demi-Glace hineinschütten, aufkochen lassen und so lange reduzieren, bis man ungefähr 20 cl Sauce für die Koteletts erhält.

Abschmecken und mit dem Rest der Butter montieren.

Anrichten: Die Koteletts auf die Servierplatte legen; mit Orangen- und Tomatenscheiben bedecken, die Sauce darübergeben.

Schweine-Schulter »Arme Frau«

Zubereitungszeit: 50 Minuten
Kochzeit: 90 Minuten

Zutaten für 4 Personen:

900 g Schweineschulter mit Knochen
800 g Zwiebeln
3 Knoblauchzehen
1 Kartoffel
100 g Butter
25 cl Milch
1 Zweig Petersilie
1 Kräutersträußchen
Salz, Pfeffer

Vorarbeiten:

1. *Das Schwein:* Das untere Ende einer Schulter aussuchen, deren weißes Fleisch einen rosa Farbton hat. Die Knoblauchzehen schälen, der Länge nach in zwei Hälften teilen und das Fleisch an 6 Stellen damit spicken. – Nun mit Salz und Pfeffer würzen.
2. *Die Zwiebeln:* In feine Scheiben schneiden.
3. *Die Kartoffel:* In Scheiben schneiden.

Zubereitung:

- 20 g Butter in einem gußeisernen Topf schmelzen lassen, die Schulter auf beiden Seiten 15 Minuten bräunen. Gleichzeitig in einer Pfanne mit dem Rest der Butter die Zwiebeln anschwitzen, bis sie eine blonde Farbe haben.
- Sie danach dem Fleisch zugeben, ebenso die Kartoffelscheiben und das Kräutersträußchen.
- Mit kochender Milch aufgießen und bedeckt $1^1/_4$ Stunde auf sanftem Feuer kochen lassen, dabei das Fleisch von Zeit zu Zeit wenden.
- Das Fleisch auf eine Platte geben und warm stellen.
- Das Kräutersträußchen herausnehmen, die Zwiebeln, die Kartoffelscheiben und die Brühe im Mixer zu einem leichten Saucenpüree vermischen.

Das Fett an die Oberfläche steigen lassen, abschöpfen, abschmecken und mit Pfeffer nachwürzen. Die Sauce über das Fleisch schütten und einige Minuten kochen lassen.

Anrichten: Das Fleisch in der Sauce auf der Platte servieren, mit Petersilien-Blättern bestreuen. Beilage: Grünkohl mit Speck (siehe Rezept Seite 209).

Gefülltes Kaninchen »Georgette Badaut«

Zubereitungszeit: 1 Stunde 30 Minuten
Kochzeit für das Kaninchen: 1 Stunde 10 Minuten

Zutaten für 6 Personen für die Farce:

100 g Räucherspeck
200 g gekochter Spinat
200 g gekochte Pilze
2 Schalotten
50 g Butter
5 g Salz, 2 g Pfeffer

Zutaten für das Kaninchen:

1 Kaninchen von 2,5 kg
50 cl Pommard (Burgunder-Wein)
25 cl Sahne
50 g Butter
2 Teelöffel weißer Dijon-Senf
3 Schalotten
Salz, Pfeffer
1 großer Zweig frischer Thymian

Die Füllung:

Den Räucherspeck in kleine Scheiben schneiden und in der Pfanne angehen lassen.

Pilze und Spinat grob hacken.

Schalotten hacken und in Butter anschwitzen.

Alle diese Zutaten in eine Salatschüssel geben, salzen, pfeffern und mit der weichen Butter vermischen.

Vorarbeiten:

Man lasse das Kaninchen vom Metzger vorbereiten oder mache es selbst auf folgende Art:

1. Die Vorder- und Hinterläufe oberhalb der Kniegelenke abschneiden.
   - Das Kaninchen enthäuten.
   - Kopf und Ohren unversehrt lassen.
   - Die Augen herausnehmen, die Haut am Bauch auf 8 cm Länge einschlitzen.
   - Das Innere herausnehmen, die Leber aufheben, aber darauf achten, daß keine Galle daranbleibt.
   - Das Kaninchen auf den Rücken legen und mit einem Löffel die Füllung hineingeben.

2. Mit einer Bridier-Nadel und einem Faden vernäht man die Haut am Bauch.
   - Das Kaninchen auf den Bauch legen und die Vorderfüße zusammenbinden, indem man den Faden zwischen den Schultern durchzieht, den Kopf so hinlegen, wie ein Kaninchen schlafen würde.
   - Das gleiche mit den Hinterläufen machen.
3. Mit Salz und Pfeffer würzen, den ganzen Körper mit dem Senf einreiben.
4. Die Schalotten und die Leber feinhacken.

Zubereitung:

- Eine Bratplatte erhitzen.
- Die Butter zergehen lassen und das Kaninchen darin rollen.
- Den Ofen auf 250 Grad vorwärmen und die Platte hineinschieben.
- Nach ungefähr 10 Minuten die Hitze verringern, einen großen Thymianzweig nehmen, ihn in ein Drittel des Rotweines tauchen, den man erwärmt hat, und damit häufig das Kaninchen bestreichen.
- Man rechnet ungefähr 1 Stunde Bratzeit, dann die Platte herausnehmen und warm stellen.

Die Sauce:

Die Leber und die Schalotten auf einer Bratplatte angehen lassen.

Mit dem Rest des Rotweines ablöschen, einkochen. Dann die Sahne daraufgießen, kochen lassen, bis man eine gebundene Sauce erhält. Abschmecken.

Anrichten:

Alle Fäden herausziehen und das Kaninchen auf einer langen Servierplatte in seiner natürlichen Lage anrichten (auf den 4 Läufen ruhend, den Kopf angehoben).

Das Tier mit etwas kochender Sauce begießen und den Rest der Sauce getrennt servieren.

Man nimmt einen Löffel voll Füllung aus dem Bauch des Kaninchens und garniert damit die 4 heißen Teller.

In Höhe der Schenkel tranchieren, die Schultern abtrennen und dann den Rücken herausschneiden.

Die Fleischteile auf die Teller legen und mit Sauce begießen.

Tauben-Kugeln in Minzblättern

Zubereitungszeit: 30 Minuten
Kochzeit: 4 Minuten

Zutaten für 4 Personen:

2 junge Ringeltauben
100 g gesalzener, magerer Speck
$^1/_2$ Schalotte
50 g Butter
2 g Pfeffer
2 cl Cognac
32 Minzblätter
Thymian
Lorbeerblatt, Rosmarin
Salz, Pfeffer

Vorarbeiten:

1. Die Ringeltauben rupfen und ausnehmen, entbeinen. Die Haut abziehen und die Filets beiseite legen.
2. Den mageren Speck in Stücke schneiden.
3. Die Schalotte feinhacken und 5 Minuten in Butter anschwitzen lassen, ohne daß sie Farbe nimmt.
4. 32 Kugeln aus Butter von der Größe eines Kirschkerns herstellen und in das Tiefkühlfach legen.

Zubereitung:

1. Den mageren Speck hacken oder, besser noch, im automatischen Zerkleinerer zerhacken.
   - Einige Sekunden später das Tauben-Fleisch in den Zerkleinerer geben.
   - In ein Gefäß das Fleisch, die gehackte Schalotte und den Cognac geben.
   - Alles gut vermischen.

   Der Speck sollte zum Salzen genügen, in jedem Fall vergewissere man sich, ob nachgesalzen werden muß.
2. Jede gefrorene Butterkugel mit 10 bis 15 g Farce bedecken, indem man sie zwischen mit Cognac angefeuchteten Fingern rollt.
   Dann jede Kugel mit einem Minzblatt umkleiden.
3. Auf den Boden eines Dampftopfes legt man die zerteilten Tauben-Skelette, den Thymian, das Lorbeerblatt und den Rosmarin.

- Mit kaltem Wasser aufgießen, aber darauf achten, daß die Wasseroberfläche unterhalb des Grills (des Einsatzes) bleibt.
- Auf den Einsatz die Kugeln legen, ohne daß sie sich drücken.

Das Kochen:

- Den Dampftopf aufs Feuer setzen, zudecken und nach dem Aufkochen 4 Minuten ziehen lassen.
- Vom Feuer nehmen und sofort servieren.

Dieses Gericht kann zum Aperitif serviert werden oder als Vorgericht mit Tomaten-Sauce (siehe Rezept Seite 35).

Wildenten-Schnitten mit Maischwamm

Zubereitungszeit: 1 Stunde
Kochzeit: 18 Minuten

Zutaten für 4 Personen:

2 Grünhals-Wildenten mit kräftiger Brust
500 g Maischwämme
40 cl Burgunder-Rotwein
5 cl Cognac
25 cl Demi-Glace (siehe Rezept Seite 24, wahlweise)
10 g Leber von der Stopfgans
15 cl Crème double
80 g Butter
5 cl Erdnußöl
4 Schalotten
1 Petersilienzweig
1 Kräutersträußchen
Salz, Pfeffer

Vorarbeiten:

1. *Die Enten:* Man wählt junge Enten, die man daran erkennt, daß der Schnabel noch biegsam ist.
   - Rupfen, flambieren, ausnehmen und, nachdem man den Steiß abgeschnitten hat, zusammenbinden.
   - Die Leber von den Resten der grünlichen Teile der Galle befreien und zusammen mit der Gänseleber durch ein horizontales Sieb pressen, die Mischung kalt stellen. Sie dient später als Bindung für die Sauce.
2. *Die Pilze:* Die Stiele abschneiden und zweimal waschen, ohne sie im Wasser liegenzulassen.
   2 Minuten in ihrem eigenen Saft kochen, eine Messerspitze Salz zugeben.

Zubereitung:

Auf einer Bratplatte die Enten bei starkem Feuer garen, nachdem man sie mit Erdnußöl eingerieben und gewürzt hat. Die Bratzeit sollte ca. 18 Minuten betragen.

- Es ist ratsam, die Enten eine Stunde vorher zu garen. So kann sich das Fleisch entspannen und nimmt eine gleichmäßige rosa Farbe an.
- Danach die Fäden ziehen, die Schenkel abschneiden und, indem man mit dem Messer dem Brustbein folgt, die

beiden Filets herauslösen, ebenso die Mini-Filets auf der Rückseite. Die 4 Flügel aufheben.

Die Sauce:

Die Hälse, die Schenkel und die Skelette mit einem Hackmesser zerkleinern, in einer Kasserolle angehen lassen.

Sind sie gut gebräunt, das Fett abgießen und mit Cognac ablöschen.

3 in jeweils 4 Teile geschnittene Schalotten und das Kräutersträußchen zugeben.

Mit dem Rotwein und der Demi-Glace (oder ersatzweise Wasser) auffüllen.

Die Knochen sollen von der Flüssigkeit bedeckt sein, wenn sie nicht ausreicht, noch mit Wasser auffüllen.

Auf sanftem Feuer 1 Stunde kochen lassen. Diesen Fond durch ein Spitzsieb passieren. Die Kasserolle ausspülen, den Fond hineingeben und einkochen lassen, indem man ständig abschäumt, bis man 15 cl übrigbehält.

Die Sahne zugeben, aufkochen lassen und die pürierte Gänseleber heftig schlagend einrühren.

Abschmecken und, wenn notwendig, nachwürzen.

Die Sauce darf jetzt *nicht mehr kochen.*

Vollenden:

Die Haut von den Enten-Filets abziehen, jedes Filet in 5 sehr dünne Scheiben schneiden.

Die Pilze abtrocknen und in 80 g Butter einige Minuten anbraten, bis sie leicht bräunlich sind. Im letzten Augenblick die verbliebene Schalotte und die gehackte Petersilie zugeben.

Anrichten:

Auf eine große erhitzte Platte legt man die Pilze in die Mitte und garniert in Kronenform die Entenscheiben und die kleinen Filets herum, die sich leicht überlappen sollen.

- Die 4 Flügel auf die Pilze legen.
- Diese Platte für 20 Sekunden in den vorgewärmten Ofen schieben, herausnehmen und einen Streifen Sauce außen herumgießen. Den Rest der Sauce serviert man in einer vorgewärmten Saucen-Schüssel.

Schnepfe »Meister Richard«

Zubereitungszeit: 90 Minuten
Kochzeit: 18 Minuten

Zutaten für 4 Personen:

4 Schnepfen
1/3 Flasche Chambertin oder ein anderer kräftiger, trockener Rotwein
5 cl Cognac
10 cl Demi-Glace vom Kalb (siehe Rezept Seite 24)
40 g Gänseleber
80 g Butter
4 Scheiben Schwarzbrot
4 Streifen Zitronenscheibe
Salz, Pfeffer

Die Konservierungszeit für Schnepfen hängt von der Temperatur ab, mit der sie aufbewahrt werden, in keinem Fall sollten sie älter als 8 Tage sein.

Man hängt sie an den Füßen auf.

Vorarbeiten:

Erst im letzten Moment rupfen, aber nicht ausnehmen. Die Augen herausnehmen, dann den Schnabel durch die gekreuzten Schenkel stecken.

Vom Schnabel zusammengehalten, ist es nicht notwendig, sie mit Fäden zusammenzubinden (zu bridieren).

Mit Salz und Pfeffer würzen.

Zubereitung:

1. *Die Schnepfen:* Eine Kasserolle von der Größe der Schnepfen mit Butter erhitzen; sobald sie moussiert, die Vögel darin rollen. Die Kasserolle in den vorgewärmten Ofen schieben und 18 Minuten lang braten lassen, dabei von Zeit zu Zeit mit dem Bratensaft übergießen.
   – Die Schnepfen sollen innen rosa, aber nicht blutig sein.
2. *Die Füllung:* Mit einem Löffel vorsichtig die Innereien herausnehmen, darauf achten, daß man den Magen mitbekommt, eine kleine harte Kugel, die man leicht erkennt.
   – In einem Mörser oder, falls man dieses Gerät nicht hat, in einer Salatschüssel die Innereien mit der Gänse-

leber zusammen zerstampfen und mit Salz und Pfeffer würzen.

3. *Das Brot:* 4 rechteckige Croutons von 8 x 4 cm und 1 cm Dicke in das Brot schneiden.
   - Mit dem Messer eine Vertiefung von 6 x 3 cm herausschneiden, dann das Brot grillen.
   - Mit der Messerspitze die vorher eingezeichneten Teile herausnehmen, so daß man 4 kleine Kästchen erhält.

   Man garniert sie mit der Hälfte der Farce.
4. *Die Sauce:* Den Kochsud in eine Schale schütten. Die Kasserolle mit dem Cognac ablöschen, den Rotwein zufügen, ebenfalls die Demi-Glace vom Kalb, die zwei Zitronenstreifen. Alles vollständig einkochen lassen.

   Den Zitronensaft zugeben, aufkochen lassen und heftig schlagend den Rest der Farce einarbeiten, mit dem die Sauce gebunden wird.

   Abschmecken.

Anrichten:

Die Schnepfen in der Mitte durchschneiden, den Brustknochen herausnehmen und die Schnepfen für 2 Minuten in der Sauce erwärmen.

Die Croutons im Ofen erhitzen und die Schnepfen auf die Croutons legen.

Die Sauce in einer Sauciere servieren.

Die restliche Flasche Chambertin wird zu diesem Gericht ausgetrunken.

Ragoût vom Wildkaninchen mit getrockneten Aprikosen

Zubereitungszeit: 90 Minuten
Kochzeit: 50 Minuten

Zutaten für 4 Personen:

1 junges Wildkaninchen
125 g getrocknete Aprikosen
10 cl Weinessig
25 cl roter Burgunderwein
50 g Butter
5 cl Erdnußöl
2 nicht geschälte Knoblauchzehen
1 Kräutersträußchen
Salz, Pfeffer

Vorarbeiten:

1. Das Kaninchen vorbereiten (siehe Rezept Seite 185) und die Leber aufbewahren, die von allen Galleresten befreit sein muß.
   - Den Rücken, die Schenkel, die Schultern entbeinen und das Fleisch in Würfel von ungefähr 25 g schneiden.
   - Das Fleisch mit dem Wein, dem Weinessig, dem Knoblauch und den Kräutersträußchen für 12 Stunden in eine Terrine einlegen (marinieren).
2. Die getrockneten Aprikosen in zwei Hälften schneiden und sie für 1 Stunde in kaltes Wasser legen.
3. Die Kaninchenstücke abtropfen lassen, ebenfalls die Garnitur, alles auf ein Tuch legen und gut abtrocknen.

Zubereitung:

- Einen großen, gußeisernen Topf erhitzen, das Öl und 25 g Butter hineingeben.
- In das erhitzte Fett die Kaninchenstücke geben, würzen und gleichmäßig bräunen lassen.
- Den ungeschälten Knoblauch und das Kräutersträußchen zugeben, den Topf zudecken und 20 Minuten sanft schmoren lassen.
- Den Topf wieder auf volles Feuer stellen, den Deckel abnehmen, die Marinade und die getrockneten Aprikosen zufügen.
- So lange umrühren, bis die Flüssigkeit aufkocht.

- Mit einem runden, ausgebutterten Schwefelpapier, das man direkt auf die Stücke legt, zudecken.
- Den Topf mit dem Deckel schließen und 20 Minuten kochen lassen.
- Nach 10 Minuten, also der halben Kochzeit, die in 4 Teile geschnittene Leber zugeben.

Die Bindung: Die Knoblauchzehen herausnehmen und entschälen. Sie in einer Salatschüssel zusammen mit der Leber und dem Rest Butter zerstampfen und vermischen.

Vollenden: Das Kräutersträußchen herausnehmen und das Bindungs-Püree in die Sauce geben, sanft umrühren, bis sich die Bindung gut verteilt hat.

Abschmecken und eventuell nachwürzen.

Anrichten: In eine runde, tiefe Platte die Kaninchenstücke abwechselnd mit den Aprikosenstücken geben, die Sauce darübergießen.

Hasen-Schmorfleisch in Rotwein

Zubereitungszeit: 1 Stunde
Kochzeit: 5 Stunden

Zutaten für 5 oder 6 Personen:

1 Hase
100 g gesalzener Brustspeck
75 cl (1 Flasche) Ambierle-Wein (Côte Roannaise)*
5 geschälte Knoblauchzehen
2 Lorbeerblätter
4 Minzblätter
1 Blatt Basilikum
1 Zweig Thymian
2 Eßlöffel Tomatenmark
2 Zitronenschalen (ungespritzt)
2 Orangenschalen (ungespritzt)
20 g Koriander
15 g zerdrückte Pfefferkörner
grobes Salz

Vorarbeiten:

Am Tag vorher

1. *Der Hase:* Man wählt einen sogenannten Dreiviertel-Hasen, so genannt, weil er aus den ersten Würfen des Jahres stammt. Man erkennt ihn vor allem am Gewicht, das auf keinen Fall 3 Kilo überschreiten darf.
   - Die Haut abziehen, ausnehmen, das Blut auffangen und die Leber aufheben, nachdem man die Galle entfernt hat.
   - Das Fleisch in 18 Stücke schneiden, 8 Stücke aus den Schenkeln, 4 aus den Schultern und 6 aus dem Rücken.
   - Die Aroma-Elemente, die Knoblauchzehen, das Tomatenmark, den zerdrückten Pfeffer und den Koriander in einen mittelgroßen, gußeisernen Topf geben, mit dem Rotwein aufgießen und das Fleisch für eine Nacht darin einlegen. Den Topf kalt stellen.

* *Anmerkung des Herausgebers:* Diesen Wein, mit dem die Brüder Troisgros dem Gericht einen regionalen Charakter geben, bekommt man in Deutschland nicht. Ersatzweise nehme man einen Beaujolais Villages.

Am nächsten Tag

2. *Der Speck:* Die Schwarte abschneiden, den Speck in dicke Scheiben von 3 cm x 3 cm und einem halben Zentimeter Dicke schneiden.
   Die Schwarte in ganz kleine Würfel schneiden, zwei Minuten abbrühen.
3. *Die Leber:* In 4 Schnitzelchen zerteilen.
4. *Die Schalen:* Zitronen- und Orangenschalen grob hacken. Abbrühen und in die Marinade geben.

Zubereitung:

- Den Topf, so wie er ist, aufs Feuer stellen, mit grobem Salz leicht salzen.
- Den Topf möglichst fest mit einem umgedrehten Deckel schließen, in den man kaltes Wasser füllt, damit die kondensierten Dämpfe wieder in die Kasserolle zurückfallen.
- Nun die Hitze schwächer stellen und 3 Stunden kochen lassen.
- Dann die Speckstücke und die Schwarten-Würfel zugeben und noch einmal 2 Stunden kochen lassen.
- 5 Minuten vor dem Ende der Kochzeit das nach oben gestiegene Fett mit einem Löffel abschöpfen, die Lorbeerblätter, die Minzblätter, Basilikum und Thymian herausnehmen.
- Jetzt die Leber-Schnitzelchen und das Blut zugeben, noch einmal 5 Minuten aufkochen lassen.
- Abschmecken.

Anrichten:

Man serviert das Gericht in dem Topf, Beilage: Muschel-Nudeln mit oder ohne Trüffel (siehe Rezept Seite 233).

Rebhuhn mit grünen Linsen

Zubereitungszeit: 1 Stunde 30 Minuten
Kochzeit: 20 Minuten

Zutaten für 4 Personen:

4 junge Rebhühner
100 g grüne Linsen
10 g Gänseleber
130 g Butter
2 Zwiebeln
1 Möhre
2 cl Cognac
10 cl trockener Rotwein
1 Teelöffel starker, weißer Senf
1 Kräutersträußchen
Salz, Pfeffer

Vorarbeiten:

1. *Die Linsen:* Am Tag vorher legt man die Linsen in kaltes Wasser ein. Am nächsten Tag abtrocknen und sie mit der doppelten Menge ihres Volumens Wasser in einem Topf kochen.
   - Aufkochen lassen, dann mit der Schaumkelle abschäumen.
   - Möhre, Zwiebel, Kräutersträußchen hinzufügen, salzen und stark kochen lassen, von Zeit zu Zeit prüfen, ob die Linsen gar sind.
2. *Die Rebhühner:*
   Sie müssen frisch sein, am besten frisch geschossen; auf keinen Fall dürfen sie »hautgoût« (Hochgeschmack) haben.
   - Rupfen und ausnehmen, die von der Galle gereinigte Leber aufheben, abflambieren.
   - Das äußere Ende der Füße abschneiden, den Hals nahe am Körper abtrennen, die Haut auf dem Rücken so ziehen, daß man die Öffnung zum Inneren verschließen kann.
   - Jeden Vogel mit 10 g Butter und 3 oder 4 Körnern grobem Salz füllen.
   - Die Vögel bridieren (zusammenbinden), indem man die Beine an jede Seite des Bauches drückt.

3. *Die Bindung:*
In der Hälfte der Kochbutter läßt man eine Minute lang die mit Pfeffer und Salz gewürzten Lebern angehen, dann mit Cognac ablöschen und zusammen mit der Gänseleber und dem Senf durch ein horizontal gespanntes Sieb streichen.
– Diese Farce in einer Schale aufheben.

Zubereitung:

- 60 g Butter auf einer Bratenplatte erhitzen, die Rebhühner darin wälzen und sie im Ofen 20 Minuten braten lassen. Dabei 2- oder 3mal mit dem Bratensaft begießen.
- Dann die Vögel herausnehmen und warm stellen.
- In einer kleinen Kasserolle in 30 g Butter die gehackte Zwiebel anschwitzen lassen.
- Mit dem Rotwein ablöschen und einkochen lassen.
- Die Linsen abtropfen lassen, etwas Flüssigkeit soll allerdings daranbleiben, und sie dann in die Kasserolle geben.

Vollenden:

Die Bindung den Linsen zufügen.

Gut umrühren, abschmecken und eventuell nachwürzen.

Die Rebhühner einige Minuten im heißen Ofen erwärmen und dann die Fäden abnehmen.

Anrichten:

In eine tiefe Servierplatte gibt man die Linsen und legt die Rebhühner darauf.

Den Rest der Kochbutter in einer Sauciere servieren.

Knäck-Ente mit Pfirsichen*

Zubereitungszeit: 45 Minuten
Gesamte Kochzeit: 25 Minuten
Kochzeit für die Enten: 12 Minuten

Zutaten für 4 Personen:

4 frische Knäck-Enten
4 gelbe Pfirsiche
1 Eßlöffel Aprikosenkonfitüre
2 cl Cognac
20 dl Demi-Glace vom Kalb (siehe Rezept Seite 24)
5 cl Weinessig
100 g Butter
Erdnußöl
$^1/_2$ Zitrone
300 g Zucker
Salz, Pfeffer
Puderzucker

Vorarbeiten:

1. *Die Knäck-Enten:* Rupfen, ausnehmen, den Steiß abschneiden, flambieren und zusammenbinden (bridieren).
2. *Die Pfirsiche:* Sind sie vollreif, läßt sich die Haut leicht abziehen.
   - Sind sie nicht ganz reif, taucht man sie 1 Minute in kochendes Wasser, um sie dann zu enthäuten.
   - In der Mitte durchschneiden, die Kerne herausnehmen und die 8 Hälften in $^3/_4$ Liter Wasser mit 300 g Zucker vermischt 5 Minuten pochieren (sanft kochen).
   - Sie danach in dem Sirup liegenlassen.

Zubereitung:

- Die mit Salz und Pfeffer gewürzten Enten in einem gußeisernen Topf in etwas Öl auf starkem Feuer braten.
- Nach 12 Minuten herausnehmen und eine halbe Stunde lang ruhen lassen.

* *Anmerkung des Herausgebers:* Die Knäck-Ende (Sarcelle) gehört mit der Krick-Ente zu den kleinen Wildenten, deren Genuß die Kirche auch an Fastentagen gestattet. Heimat: Mitteleuropa, Skandinavien und Großbritannien.

Die Sauce:

Das Fett aus dem Topf abgießen, mit Cognac ablöschen, die Aprikosenkonfitüre und den Weinessig zugeben.

Einkochen lassen, bis die Masse karamelisiert, dann den Saft einer halben Zitrone zugeben, zuletzt die Demi-Glace vom Kalb.

5 Minuten lang einkochen lassen, dabei die unreinen Elemente, die nach oben steigen, abschöpfen.

Durch ein feines Spitzsieb passieren und mit dem Schneebesen heftig schlagend die Butter in kleinen Stücken einarbeiten. Die Sauce soll glänzend und sämig sein.

Abschmecken.

Vollenden:

Die Pfirsich-Hälften abtropfen lassen und auf eine Platte legen, mit Puderzucker bestreuen, in den Salamander oder unter einen Grill schieben, um sie zu erhitzen und ihnen etwas Farbe zu geben.

Die Fäden von den Vögeln nehmen.

Anrichten:

Die 4 Knäck-Enten in die Mitte einer Servierplatte legen, mit der Sauce begießen und mit den Pfirsich-Hälften garnieren.

Rehrücken, in weißem Pfeffer paniert

Zubereitungszeit: 30 Minuten
Kochzeit: 40 Minuten

Zutaten für 4 Personen:

1 Rehrücken von 1 kg Gewicht
15 cl Crème double
50 g Butter
4 cl kaltgeschlagenes Olivenöl
10 cl Weißwein
4 cl Cognac
10 cl Wild-Fond (siehe Rezept Seite 26)
15 g weiße Pfefferkörner
Salz

Der Rehrücken:

Der »Sattel« ist der Teil, der bei den Keulen beginnt und bei den ersten Rippen endet.

Diesen Teil bei dem Spezialhändler bestellen.

Mit einem sehr feinen Messer die Haut so abnehmen, daß das Fleisch unbeschädigt und glatt bleibt, dann den Sattel in eine tiefe Platte geben und in dem Olivenöl erhitzen.

Die weißen Pfefferkörner mit einer leeren Flasche rollen und zerdrücken, alle Seiten des Fleisches mit dem zerdrückten Pfeffer panieren. Leicht auf den Pfeffer drücken, damit er in das Fleisch eindringt. Für 12 Stunden kalt stellen.

Zubereitung:

- In einer Bratplatte die Butter erhitzen, den Sattel hineingeben und 35 bis 40 Minuten im Ofen braten, dabei oft mit dem Bratensaft übergießen.
- Herausnehmen, auf eine Servierplatte legen und warm stellen. Mit einem ausgebutterten Schwefelpapier abdecken.

Die Sauce:

Das Fett von der Bratenplatte abgießen, mit dem Cognac ablöschen, dann mit dem Weißwein und zur Hälfte einkochen lassen.

Dann den Wild-Fond zugeben, der notfalls auch durch einen Kalbs-Fond ersetzt werden kann.

Aufkochen lassen, die Sahne zufügen und unter ständigem Umrühren einkochen lassen.

Abschmecken und eventuell nachwürzen. Den Saft zugeben, der noch von dem warmgestellten Rehrücken abgelaufen ist.

Auf keinen Fall mit Pfeffer aus der Mühle würzen.

Tranchieren:

Die beiden dicken Filets dicht am Rückenknochen ablösen und sie in 12 Medaillons schneiden. Dann die beiden kleinen Filets auf der Innenseite ablösen und in 8 feine Schnitzelchen schneiden.

Anrichten:

Die Medaillons in Kronenform auf eine Servierplatte legen und in der Mitte mit den Mini-Filets füllen.

Mit der kochenden Sauce übergießen, darauf achten, daß die Pfefferkörner, die sich beim Kochen abgelöst haben, entfernt werden.

Beilage: Maronen-Soufflé (siehe Rezept Seite 219).

Frischlings-Kotelett »Fructidor«

Zubereitungszeit: 1 Stunde
Kochzeit: 20 Minuten

Zutaten für 4 Personen:

8 Frischlings-Koteletts, d. h. ungefähr 1,6 kg pariertes Fleisch
4 Birnen (600 g)
4 Äpfel (600 g)
8 Maronen
4 schöne Backpflaumen
200 g Butter
Erdnußöl
6 cl Weinessig
8 cl Weißwein
½ Möhre
½ Zwiebel
2 Schalotten
12 Wacholderkörner
Salz, Pfeffer, Zucker

Vorarbeiten:

1. *Der Frischling:* Vom Wildhändler 8 Koteletts aus einem jungen Wildschwein (Frischling) von 30–40 Kilo Gewicht schneiden lassen. Er soll das Fleisch oberflächlich entfetten, den Knochen vom Rückgrat abhacken (nur der Rippen-Knochen soll bleiben) und das Fleisch leicht flachklopfen.
2. *Der Fond:* Abfälle und Knochen aufheben und vom Händler kleinhacken lassen. In einer kleinen Kasserolle mit der Zwiebel und der Möhre in Öl anschwitzen, mit ½ Liter Wasser auffüllen, eine gute Stunde sanft kochen lassen, von Zeit zu Zeit etwas Wasser nachschütten, um die verdampfte Flüssigkeit auszugleichen. Durch ein Spitzsieb passieren, entfetten und einkochen lassen, um 15 cl Flüssigkeit übrigzubehalten.
3. *Die Schalotte:* Feinhacken.
4. *Die Früchte:*
   Die Birnen: Halbreife Birnen auswählen und in 4 Teile schneiden, die Kerne herausnehmen und in 16 olivenförmige Stücke von 3 cm Länge schneiden.

- 25 cl Wasser, 30 g Butter und 1 Messerspitze Zucker in eine entsprechend große Kasserolle geben und die Birnen hineinlegen.
- Zugedeckt kochen lassen, bis die Flüssigkeit verdampft ist und die Früchte glänzen, das heißt, eine goldene Farbe mit dem in der Butter karamelisierten Zucker annehmen.
- Die Früchte sollen noch etwas fest bleiben.

Die Äpfel: Die leicht grünen Äpfel wie die Birnen zubereiten. Die Kochzeit der beiden Fruchtsorten hängt vom Grad ihrer Reife ab.

Die Maronen: 5 Minuten in kochendes Wasser tauchen, dann herausnehmen; entschälen und zugedeckt 20 Minuten in einer Kasserolle kochen, die zur Hälfte mit Wasser, 20 g Butter und einer Messerspitze Zucker gefüllt ist.

Die Backpflaumen: Am Tag vorher in Wasser einlegen. Nun aufkochen lassen, sie herausnehmen, abtrocknen; in der Mitte durchschneiden, den Kern herausnehmen und sie in der Pfanne leicht in Butter anbraten.

Zubereitung:

- 50 g Butter in eine Pfanne geben, erhitzen, die mit Pfeffer und Salz gewürzten Koteletts hineingeben und sanft braten, ohne daß sie trocken werden.
- Die Bratzeit beträgt zwischen 15 und 20 Minuten.
- Danach legt man die Koteletts auf eine heiße Servierplatte, die man warmstellt.

Die Sauce:

Das Fett aus der Pfanne abgießen; die gehackte Schalotte in die Pfanne geben, 20 Sekunden angehen lassen.

Erst mit Weinessig, dann mit dem Weißwein ablöschen. Den Fond und die leicht zerdrückten Wacholderkörner zugeben, einkochen lassen, bis man 8 Eßlöffel Sauce gewinnt.

Den Rest der Butter in kleinen Stückchen mit dem Schneebesen einarbeiten und damit die Sauce binden.

Eventuell nachwürzen. Ist die Sauce fertig, *nicht mehr kochen* lassen.

Anrichten:

Die Koteletts in die Mitte einer runden Platte legen; die Früchte, farblich wechselnd, herumdekorieren.

Mit Sauce begießen und sofort servieren.

Wie man grüne Gemüse kocht

Hier die Regeln, nach denen man grüne Bohnen, feine grüne Erbsen, Spinat, Spargel kocht . . .

Wir erinnern daran, daß sie leicht knackig unter den Zähnen bleiben sollen, daß eine zu lange Kochzeit ihren Geschmack, ihre Farbe und ihre Form nachteilig verändert.

1. Einen Topf aus nicht verzinktem rotem Kupfer benutzen, steht er nicht zur Verfügung, nehme man einen beschichteten Topf.
2. Reichlich Wasser, mit 10 g Salz pro Liter gewürzt, in den Topf geben und das Gemüse hineintun.
3. Den Topf nicht zudecken.
4. Während der ganzen Zeit stark kochen lassen.
5. Sobald die Gemüse gar sind, schnell herausnehmen, würzen und am besten gleich servieren.

Müssen die Gemüse warten, was meistens der Fall ist, so muß man sie sofort nach dem Kochen schnell mit kaltem Wasser abschrecken, oder – noch besser – ein Gefäß mit kaltem Wasser und einigen Eisstückchen darin füllen und mit Hilfe einer Schaumkelle das Gemüse hineingeben.

Sind die Gemüse kalt, nimmt man sie heraus, läßt sie abtropfen und legt sie auf eine Platte, die man kalt stellt.

Um sie dann auf »englische Art« zu servieren, taucht man sie wieder in kochendes Wasser, jedoch nur, um sie kurz zu erhitzen, nicht, um sie weiterkochen zu lassen.

Abtropfen, würzen und sofort servieren.

Wie man Spargel kocht

Kochzeit: 15 Minuten
Man rechnet 1 Pfund Spargel pro Person.

So einfach es ist, Spargel zu kochen, man muß jedoch drei wichtige Regeln beachten:

1. Möglichst frischen Spargel verwenden. Man erkennt ihn am frischen Schnitt.
2. Besonders wichtig: Man schäle ihn mit einem feinen Küchenmesser. Man schneide sorgfältig die harte Schale ab, einschließlich der kleinen Blättchen am Kopf. Dann waschen und je 8–10 Stück zusammenbinden. Die Stangen auf eine gleichmäßige Länge von ungefähr 18 cm bringen.
3. Zu stark gekochter Spargel verliert sein Aroma. Deshalb empfehlen wir, den Spargel ungefähr 13 bis 15 Minuten, je nach Dicke, zu kochen.

Das Kochen:

- Auf klassische Art zubereiten, das heißt, in gesalzenes, kochendes Wasser tauchen.
- Auf keinen Fall abschrecken.

Die Kochzeit kann um 5 Minuten schwanken. Maximal dürften es 20 Minuten sein, falls es sich um sehr dicken Spargel handelt.

Auberginen Stendhal

Zubereitungszeit: 30 Minuten
Kochzeit: 30 Minuten

Zutaten für 4 Personen:

4 lange Auberginen von je 150 g
400 g Tomaten
200 g Butter
1 ganze Knoblauchzwiebel
4 Blätter frisches Basilikum
Salz, Pfeffer

Vorarbeiten:

1. Auberginen von gleichmäßiger Form auswählen. Sie müssen sehr frisch sein und eine glatte Haut von schöner, dunkler, violetter Farbe haben.
   Reinigen, die äußeren Enden abschneiden. Mit einem langen Messer vier Einschnitte auf der ganzen Länge und auf 3/4 des Umfangs machen.
   - Die Auberginen auf eine Platte legen und leicht mit Salz und frisch gemahlenem Pfeffer würzen.
   - So läßt man sie 15 Minuten ruhen.
2. Die Stiele der Tomaten entfernen und dann in zwei Hälften schneiden.
   - Scheiben von 1 cm Dicke schneiden, so erhält man ungefähr 32 halbe Scheiben, sie würzen und je zwei in jeden Einschnitt der Aubergine stecken.
3. Die Auberginen mit einem Faden umwickeln, damit sie ihre ursprüngliche Form gewinnen, indem die Tomatenscheiben mit eingebunden werden.

Zubereitung:

- Die Auberginen in eine Kasserolle legen, die ihrer Größe entspricht, bevor man mit dem Kochen beginnt.
- Butter zugeben, ferner die ganze Knoblauchzwiebel und mit 3/4 Liter Salzwasser auffüllen.
- Die Kasserolle zudecken und auf sanftes Feuer für 30 Minuten setzen.
- Mit einer großen Gabel die Auberginen auf eine Servierplatte legen.
- Den Koch-Fond einkochen lassen, bis man ungefähr 8 Eßlöffel sirupartige Sauce erhält.

- Die Fäden von den Auberginen abnehmen und mit der Sauce begießen.
- Einige Minuten in der Sauce ziehen lassen und mit dem gehackten Basilikum bestreuen.
- Sehr heiß servieren.

Abwandlung dieses Rezeptes in ein kaltes Gericht:

Die Butter durch 20 cl Olivenöl ersetzen, den Saft einer halben Zitrone und ein Kräutersträußchen zufügen. Länger als bei dem obigen Rezept einkochen lassen, 6 Eßlöffel Sauce sollen übrigbleiben.

Kalt stellen.

Am nächsten Tag servieren, nachdem man das Gericht auf Zimmertemperatur gebracht hat.

Grünkohl mit Speck

Zubereitungszeit: 30 Minuten
Kochzeit: 30 Minuten

Zutaten für 4 Personen:

1 Grünkohl von 1 kg Gewicht
80 g Butter
120 g magerer, gesalzener Speck
2 cl Erdnußöl
6 cl Weinessig
Salz, Pfeffer

Vorarbeiten:

1. *Der Kohl:* Alle Blätter abnehmen, sie von dem größten Teil der Rippen befreien und waschen.
   – 10 Minuten in Salzwasser brühen, abschrecken, abtropfen, auf den Küchentisch legen, der Länge und der Breite nach grob zerschneiden.
2. *Der Speck:* Den Speck in Stücke von 5 cm Länge und 1 cm im Quadrat schneiden.
   – Für 2 bis 3 Minuten in kochendes Wasser werfen und dann abtropfen lassen.

Zubereitung:

- In einen gußeisernen Topf die Speckstreifen mit dem Öl geben, erhitzen und bräunen.
- Abtropfen lassen und auf einer Platte aufbewahren.
- Den Kohl in den Topf geben, mit 10 cl Wasser auffüllen, leicht salzen (im Verhältnis zum Salzgehalt des Specks).
- Mit einem eingeölten Pergamentpapier, das man direkt darauflegt, zudecken.
- Den Topf mit dem Deckel schließen und 20 Minuten lang kochen lassen.

Vollenden:

– Deckel und Papier abnehmen, sich vergewissern, daß nur noch sehr wenig Flüssigkeit übriggeblieben ist.

In einer Pfanne den Weinessig aufkochen und ihn über den Kohl gießen.

Anrichten:

Die Speckscheiben zugeben, 5 Minuten ziehen lassen und auf einer Servierplatte servieren, mit einer guten Drehung aus der Pfeffermühle mit weißem Pfeffer würzen.

Mangold-Rippen mit Käse

Zubereitungszeit: 30 Minuten
Kochzeit: 30 Minuten

Zutaten für 4 Personen:

900 g Mangold-Blätter
80 g »Fourme de Montbrison«*
50 g Butter
30 cl Crème double
2 Eier
Salz, Pfeffer

Vorarbeiten:

1. *Mangold:* Die Blätter von den Rippen nehmen, so daß man nur die weißen Teile übrigbehält.
   – Die Fäden und die feine Haut abziehen, in Stäbchen von 4 cm Länge auf 2 cm Breite schneiden.
   – Waschen und abtrocknen.
2. *Die Bindung:* 2 Eigelb mit 1 Eßlöffel Sahne in einer Schale vermischen.

Zubereitung:

- Die Butter in einem Topf erhitzen; die Mangold-Rippen hineingeben und bedeckt 15 Minuten schmoren lassen.
- Den Rest der Sahne zugeben und weitere 10 Minuten auf sanftem Feuer kochen lassen.
- In einer kleinen Kasserolle gleichzeitig den Käse schmelzen lassen, und, sobald er entsprechend weich ist, ihn zu dem Mangold geben.

Vollenden:

Die Bindung zu dem Gemüse geben, vermischen und kochen lassen.

Abschmecken und, wenn nötig, nachwürzen.

Alles auf eine Gratinierplatte geben, die man unter den Grill oder Salamander schiebt, damit das Gericht eine schöne goldene Farbe bekommt. Sofort servieren.

* *Anmerkung des Herausgebers:* Fourme de Montbrison: ein Kuhkäse aus der Provinz Forez, also aus der Umgebung von Roanne. Ähnlich wie der auch in Deutschland bekannte »Fourme d'Ambert«, den man in Feinkosthandlungen und in vielen Lebensmittelabteilungen der großen Kaufhäuser bekommt. Der »Fourme« ist ein Schimmelpilzkäse, ähnlich dem »Bleu«.

Gedämpfte Trüffel

Zubereitungszeit: 25 Minuten
Kochzeit: 25 Minuten

Zutaten für 4 Personen:

160 g rohe Trüffel
250 g Kartoffeln
Butter
grobes Salz
Salz, Pfeffer

Unerläßlich für die Zubereitung ist ein Dampftopf, mit dem man gedämpfte Kartoffeln zubereitet, oder ein dreifüßiger Grill, den man auf den Boden einer Kasserolle stellt.

Vorarbeiten:

1. *Die Trüffel:* Sind sie nicht ganz sauber, muß man sie unter fließendem Wasser sorgfältig bürsten.
2. *Die Kartoffeln:* Die gleiche Menge Kartoffeln nehmen und sie zu gleicher Größe zurechtschneiden.

Zubereitung:

- Den Topf bis zur Höhe des Einsatzes mit Wasser füllen.
- Trüffel und Kartoffeln leicht mit Salz und Pfeffer würzen und sie auf den Grill legen.
- Den Topf zudecken und zum Kochen bringen.
- Nach dem Aufkochen die Hitze vermindern und 25 Minuten kochen lassen.

Anrichten:

Die Kartoffeln und die Trüffel in zwei oder drei Scheiben schneiden, die man auf 4 heiße Teller verteilt.

Mit einigen Körnern groben Salzes bestreuen und frische Butter dazustellen, von der jeder nach eigenem Geschmack nimmt.

Wer keine Kartoffeln wünscht, sollte als Kochsud zur Hälfte Sauternes-Wein und trockenen Weißwein nehmen, um damit das Trüffel-Aroma zu unterstreichen. Diese Sauce kann mit Butter montiert werden.

Artischocken-Scheiben mit Kerbel

Zubereitungszeit: 30 Minuten
Kochzeit: 30 Minuten

Zutaten für 4 Personen:

6 mittelgroße Artischocken
15 cl Crème double
30 g Butter
4 cl Weißwein
10 cl weißer Essig
1 Schalotte
Kerbel
1 Zitrone
$^1/_2$ Teelöffel Dijon-Senf
Salz, Pfeffer

Vorarbeiten:

1. *Sehr frische Artischocken auswählen,* am besten von violetter Farbe. Den Stengel am Boden abschneiden und zwei Reihen der dicken und harten Blätter abreißen.
   – Mit einem sehr spitzen und scharfen Messer die Böden parieren, indem man leicht dreht, sie mit der einen Hälfte der Zitrone abreiben und in eine Schüssel mit Wasser werfen, dem man 10 cl Essig zugefügt hat, damit die Artischocken nicht schwarz werden.
   – Die Artischocken vierteilen, die Haare (Heu) entfernen und sie wieder in das Essigwasser zurücklegen.
2. Die Schalotte feinhacken.
3. Die Artischockenböden abtropfen lassen.

Zubereitung:

- In einer verzinkten Kasserolle mit dickem Boden die Schalotten in Butter anschwitzen, ohne sie Farbe nehmen zu lassen.
- Mit Weißwein ablöschen und dann die viergeteilten Artischockenböden hineingeben.
- Halb mit Wasser auffüllen, mit Salz und Pfeffer würzen und die Kasserolle bedecken.
- 15 Minuten kochen lassen, den Deckel abnehmen und so lange einkochen lassen, bis man etwa 2 Eßlöffel Flüssigkeit übrigbehält.

- Nun die Sahne zugeben, aufkochen lassen und einige Minuten brodeln lassen.
- Den Senf in die Sauce einrühren und abschmecken.

Anrichten: In einer tiefen Platte servieren, indem man die Artischocken reichlich mit frischem Kerbel bestreut.

Gurken-Streifen

Zubereitungszeit: 25 Minuten
Kochzeit: 10 Minuten

Zutaten für 4 Personen:

600 g Gurken
20 cl Crème double
1/2 Zitrone
Salz, Pfeffer

Zubereitung:

Zwei ganz frische Gurken auswählen. Die beiden Enden abschneiden, dann jede Gurke in vier Streifen von 7 bis 8 cm Länge schneiden.

Schälen und mit Hilfe eines sehr feinen und spitzen Messers die Streifen der Länge nach nun auf 2 bis 3 mm Breite in eine Julienne (sehr feine Streifen) schneiden. Vorher, wenn notwendig, die Kerne entfernen.

Die Streifchen in einer Terrine mit kaltem Wasser waschen und sie 12 Stunden darin einlegen. Zwei- oder dreimal das Wasser wechseln (dadurch werden die Gurken fester).

Danach abtropfen lassen und in einem Tuch abtrocknen.

Das Kochen:

- Die Sahne in eine mittelgroße Kasserolle schütten und salzen, dann aufkochen und einkochen lassen.
- Dann die Gurkenschnitten hineingeben, deren Wasser die Sahne zunächst verlängert. Von neuem 5 Minuten kochen lassen, um wieder die alte Konsistenz zu erreichen.
- Mit Salz, Pfeffer und Zitronensaft abschmecken.
- In kleinen Töpfchen als Beilage zu Fisch oder weißem Fleisch servieren.

Weiße Bohnen in Rotwein

Zubereitungszeit: 40 Minuten
Kochzeit: 50 Minuten

Zutaten für 4 Personen:

750 g frische weiße Bohnen
80 g Butter
3 Schalotten
20 cl Rotwein
1 mittelgroße Zwiebel
1/2 Möhre
1/2 Knoblauchzehe
1 kleines Kräutersträußchen
1 Nelkenstengel
Petersilie, Salz, Pfeffer

Vorarbeiten:

1. Die Bohnen im letzten Moment entschoten.
2. Die Schalotte und den Knoblauch feinhacken.
3. Möhre und Zwiebel schälen.

Zubereitung:

- In einer großen Kasserolle mit kochendem Wasser und 7 g Salz pro Liter 30 Minuten lang die Bohnen kochen. Abschäumen.
- Die mit der Nelke gespickte Zwiebel zugeben, ebenso die halbe Möhre und das Kräutersträußchen.
- In einem anderen Topf die Schalotte in 40 g Butter anschwitzen und den Rotwein zufügen. Einkochen lassen.
- Die noch feuchten Bohnen hineingeben, den gehackten Knoblauch zufügen und 10 Minuten ziehen lassen.
- Abschmecken und eventuell nachwürzen.

Vollenden:

Den Rest der Butter in kleinen Stückchen den Bohnen zugeben. Den Topf erhitzen, damit sich die Butter gleichmäßig verteilt, löst und bindet. Jetzt sollen die Bohnen in einer leichten Flüssigkeit liegen, falls nicht, noch einige Löffel Kochsud hinzufügen.

Mit gehackter Petersilie überstreuen und servieren.

Dieses Gericht kann man ohne weiteres aufwärmen.

Man kann auch getrocknete weiße Bohnen verwenden, doch dann muß man sie 2 Stunden lang in lauwarmem Wasser einweichen und die Kochzeit verlängern.

Gefüllter Kopfsalat

Zubereitungszeit: 1 Stunde und 30 Minuten
Kochzeit: 1 Stunde

Zutaten für 4 Personen:

4 Köpfe Salat
2 gekochte Hühnerbrüstchen
1 Speckschwarte
5 Eier
15 cl Schlagsahne
50 g Butter
5 cl trockener Weißwein
½ Liter Geflügel-Fond (siehe Rezept Seite 22)
½ Möhre
1 Zwiebel
1 Zweig Petersilie
20 Schnittlauchstengel
150 g Weißbrot
1 Kräutersträußchen
Salz, Pfeffer

Vorarbeiten:

1. *Der Kopfsalat:* Möglichst runde Köpfe aussuchen, den unteren Teil spitz zuschneiden, damit die Blätter nicht auseinanderklappen, und die welken Blätter abnehmen.
   - Sehr vorsichtig waschen.
   - Die Salatköpfe 5 Minuten in viel Salzwasser abbrühen, danach in ein Becken mit kaltem Wasser tauchen.
   - Man nimmt sie am Fußende heraus, indem man sie in dem Wasser hin und her bewegt, damit sich der noch eventuell verbliebene Sand ablöst.
   - Zwischen den Händen vorsichtig auspressen, auf einen Rost (Gitter) legen.
2. *Die Füllung:* Das Brot in Stücke schneiden, in eine Salatschüssel geben und die Sahne darübergeben.
   - Die Haut von den Hühnerbrüstchen ziehen, das Fleisch zusammen mit dem Schnittlauch und der Petersilie feinhacken und alles in die Salatschüssel zugeben.
   - 5 Eigelb mit dem Holzspachtel heftig rührend einarbeiten, bis man eine gleichmäßige Masse hat.

3. *Gemüsebeilagen:* Die Möhre und die Zwiebel in dicke Scheiben schneiden.

Zubereitung:

Die 4 Salatköpfe auf den Küchentisch stellen, sie der Länge nach in zwei Hälften schneiden, ohne den Fuß abzuschneiden, öffnen und das Innere mit der Farce füllen.

Die oberen Blätter wieder heraufdrücken, um die Salatköpfe in die alte Form zu bringen, und sie mit einem Faden zusammenbinden.

Das Kochen:

- 10 g Butter auf den Boden eines Topfes geben, erhitzen und die Möhren und die Zwiebeln 5 Minuten schwitzen lassen.
- Die Salatköpfe daraufstellen, mit Weißwein ablöschen, den Geflügel-Fond zugeben, das Kräutersträußchen zufügen, salzen und mit der Speckschwarte abdecken.
- Aufkochen lassen und von da ab bedeckt 1 Stunde ziehen lassen.

Vollenden:

Die Salatköpfe herausnehmen, die Fäden abnehmen und sie auf einer ausgebutterten Platte warm stellen.

Die Beilagen herausnehmen und den Fond einkochen. Wenn ungefähr 6 Eßlöffel übrig sind, den Rest der Butter in kleinen Stückchen heftig schlagend mit dem Schneebesen einarbeiten.

Die Salatköpfe noch 2 bis 3 Minuten in diesem Sud ziehen lassen.

Anrichten:

Auf eine Servierplatte legen und mit der sehr heißen Sauce begießen.

Kartoffel-Gratin »Forez«

Zubereitungszeit: 20 Minuten
Kochzeit: 1 Stunde

Zutaten für 4 Personen:

800 g Kartoffeln (am besten von länglicher Form)
25 cl Milch
30 cl Crème double
Salz, Pfeffer

Vorarbeiten:

1. Die Kartoffeln im letzten Augenblick vor dem Kochen schälen – man nimmt am besten solche mit länglicher Form.
2. In Scheiben von 3 mm Dicke und ungefähr 5 cm Durchmesser schneiden.
3. In einem Tuch abtrocknen und sie auf einer Platte mit Salz und Pfeffer würzen.

Zubereitung:

- In einer Kasserolle mit hohem Rand und dickem Boden die Milch aufkochen. Kartoffelscheiben Stück für Stück hineinwerfen und wieder aufkochen lassen.
- Die Kasserolle zudecken und 10 Minuten auf sanftem Feuer kochen lassen.
- Nachdem nun die Kartoffelscheiben die Milch absorbiert haben, die Sahne hinzufügen, von neuem aufkochen lassen und nun auf kleiner Flamme 45 Minuten ziehen lassen.

Anrichten:

Die Kartoffelscheiben mit einem Schaumlöffel auf eine Gratinierplatte legen, dann 10 Minuten unter dem Grill im Ofen schieben, damit sie eine schöne, goldene Farbe annehmen.

Maronen-Soufflé

Zubereitungszeit: 30 Minuten
Kochzeit: 14 Minuten

Zutaten für 4 Personen:

300 g Maronen
4 cl Crème double
20 cl Milch
5 Eiweiß
3 Eigelb
3 g Salz
5 g Zucker
Butter und Mehl (für die Form)

Vorarbeiten:

1. *Am besten rötliche Maronen aussuchen.* Nach der Methode entschälen, die in dem Rezept Seite 228 beschrieben wird.
2. Eine Form von 16 cm Durchmesser und 6 cm Höhe ausbuttern und mit Mehl bestäuben – oder das gleiche mit 4 individuellen Schalen von 10 cm Durchmesser und 5 cm Höhe machen.

Zubereitung der Maronen:

- Die Maronen in eine kleine Kasserolle geben, mit der Milch auffüllen, zuckern und salzen.
- 10 Minuten bedeckt ziehen lassen, den Deckel abnehmen und von neuem 5 Minuten kochen lassen, bis die Milch über die Hälfte eingedampft ist.
- 4 ganze Maronen beiseite legen, den Rest durch ein feines horizontales Sieb drücken und das so gewonnene Püree in die Kasserolle geben, die Sahne einarbeiten, die Kasserolle auf die Ecke des Herdes setzen und währenddessen das Eiweiß schlagen.

Das Eiweiß:

Mit der Hand oder automatisch das Weiß von 5 Eiern in einem Kupferkessel schlagen, vorher eine Prise Salz zugeben.

Solange schlagen, bis das Eiweiß ganz fest ist.

Das Soufflé:

Zu dem kochenden Maronen-Püree die Eigelbe zugeben, eine Minute lang umrühren und vom Feuer nehmen. Anschließend $1/4$ des Eiweißes einarbeiten und gründlich vermischen.

Zwei Maronen zerkrümeln und sie der Masse zufügen. Mit Hilfe eines Holzspachtels das Eiweiß und das Püree vermischen. Dabei beginnt man in der Mitte zu rühren, um das untere nach oben zu holen.

Die Leichtigkeit des Soufflés hängt von der Sorgfältigkeit und Schnelligkeit ab, mit der man diese Mischung herstellt.

Vollenden des Soufflés:

- Die Mischung in eine große Form oder in die 4 kleinen Schalen geben, die Oberfläche mit einem Spachtel glätten und die zwei verbleibenden Maronen, die man in 12 Stücke schneidet, darauf verteilen.
- Den Ofen auf 180 Grad erhitzen und das Soufflé für 14 Minuten hineingeben.
  Sofort nach dem Herausnehmen servieren.

Kürbis-Scheiben

Zubereitungszeit: 30 Minuten
Kochzeit: 1 Minute

Zutaten für 4 Personen:

500 g Kürbis
25 g Butter
1 Zitronenschale (ungespritzt)
60 g Mehl
2 ganze Eier
Salz, Pfeffer, Zucker, Öl

Vorarbeiten:

1. Am Tag vorher den Kürbis schälen und in vier Teile schneiden.
2. Salzwasser in eine große Kasserolle geben, aufkochen lassen und den Kürbis 15 bis 30 Minuten (entsprechend der Reife) darin kochen.
3. Eine Nacht abtropfen lassen: Man legt die Kürbisstücke auf ein Tuch, das man über ein Gefäß knüpft.

Zubereitung der Masse:

Mit einem Tuch den Kürbis auspressen, damit das überschüssige Wasser austritt.

Das Kürbisfleisch durch ein Sieb streichen. Dieses Püree, das Mehl, die beiden ganzen Eier, ein Stück zerhackter Zitronenschale, zwei Messerspitzen Salz, eine Messerspitze Zucker und eine Drehung der Pfeffermühle in eine Salatschüssel geben.

Die Butter in einer kleinen Kasserolle klären und dann nach und nach mit Hilfe eines Schneebesens in diese Masse einarbeiten.

Kalt stellen.

Vollenden:

● 5 Minuten vor dem Servieren eine mit wenig Öl ausgestrichene Pfanne erhitzen.
Mit einem Teelöffel formt man nun aus der Masse Häufchen und setzt sie in die Pfanne. Durch die Hitze sinken sie zusammen und formen sich zu Scheiben.
Sie sollen ungefähr 5 cm Durchmesser haben, man achte also darauf, daß man die Häufchen in einem entsprechenden Abstand in die Pfanne gibt.

- Nun auf jeder Seite 30 Sekunden anbraten.
- In Kronenform auf eine Servierplatte legen.

Diese Beilage paßt zu Gerichten mit stark gewürzten Saucen. Sie können auch gezuckert verzehrt werden.

Feine Bratkartoffeln

Zubereitungszeit: 15 Minuten
Bratzeit: 20 Minuten

Zutaten für 4 Personen:

800 g Kartoffeln vom holländischen Typ, das heißt
600 g nach dem Schälen
160 g Butter
4 g Salz
4 g Pfeffer

Zubereitung:

Schälen und den Kartoffeln die Form eines langen Korkens geben, indem man die äußeren Enden abschneidet.

– Auf der »Mandoline«, die man über eine Schüssel mit kaltem Wasser stellt, die Kartoffeln in sehr feine Scheiben schneiden und sie 12 Stunden in dem Wasser liegen lassen. Das Wasser von Zeit zu Zeit erneuern, um alle Spuren von Stärke zu entfernen.
  Danach die Kartoffeln abtropfen lassen und in einem Tuch trocknen, damit keine Feuchtigkeit übrigbleibt.
  In einer kleinen Kasserolle auf sanftem Feuer die Butter klären.

Das Braten:

- Auf einer großen Gratinier-Platte (es kann auch ein Backblech mit Rand sein) die Kartoffelscheiben, die Butter, das Salz, den Pfeffer mischen und die Kartoffeln möglichst ausgebreitet legen, ohne daß man sie übereinanderhäuft.
- 20 Minuten bei großer Hitze backen.
- Nun die Butter abgießen, indem man die Kartoffeln mit einer anderen, kleineren Platte festhält.
- Dann noch einmal für 5 Minuten in den Ofen schieben, damit die Kartoffeln eine schöne goldene Farbe annehmen, noch einmal die überschüssige Butter abgießen und sehr heiß als Beilage zu gebratenem oder gegrilltem Fleisch servieren.

Kartoffeln »Mère Charles«

Zubereitungszeit: 30 Minuten
Kochzeit: 35 Minuten

Zutaten für 4 Personen:

1,5 kg Kartoffeln
80 g Butter
220 g Räucherspeck
Salz, Pfeffer

Vorarbeiten:

1. Längliche Kartoffeln nehmen, die man schält und in korkenförmige Stücke von 5 cm Länge schneidet.
2. Den Räucherspeck in 28 feine Scheiben schneiden (das kann man auch vom Metzger machen lassen).

Zubereitung:

- Eine große Kasserolle mit dickem Boden nehmen, auf deren Grund die Kartoffeln nebeneinanderliegen können.
- Mit kaltem Salzwasser bedecken, aufkochen lassen, um die Kartoffeln abzubrühen.
- Nun gleich herausnehmen und in ein großes Sieb zum Abtropfen geben.
- Die Kasserolle wieder aufs Feuer setzen, 50 g Butter zugeben und, wenn sie bräunlich geworden ist, die Kartoffeln zufügen, salzen und den Topf bedecken.
- Hin und wieder umrühren, die Kartoffeln sollen nun nach und nach bräunen.
- Ungefähr 20 Minuten ziehen lassen.
  Den Topf vom Feuer nehmen, abkühlen lassen, und nun jede Kartoffel in eine Scheibe Speck einrollen.
- Die Kartoffeln in die Kasserolle legen und für 10 Minuten in den vorgeheizten Ofen schieben, ohne den Topf zu bedecken.
- Das Kochfett abgießen und es durch 30 g frische Butter ersetzen, die Kartoffeln darin rollen.

Anrichten:

Die Kartoffeln im Kreis auf eine Servierplatte legen.

Jedes Stück mit der Kochbutter überglänzen.

Diese Kartoffeln sind eine gute Beilage für einen Kalbsbraten oder in der Pfanne gebratenes Schweinefleisch.

Soufflé-Kartoffeln im Schlafrock

Zubereitungszeit: 30 Minuten
Kochzeit: 40 Minuten

Zutaten für 4 Personen:

1 kg Kartoffeln
100 g roher Schinken
50 g Butter
10 cl Crème double
15 g Schnittlauch
2 ganze Eier
Salz, Pfeffer

Die Kartoffeln:

- 8 mehlige Kartoffeln vom holländischen Typ auswählen.
- Sie sollen gleich groß sein und etwa je 125 g wiegen.
- Gut waschen und abreiben und sie dann für 40 Minuten im Ofen backen.

Zubereitung:

– Nachdem man sie gebacken hat, schneidet man mit der Messerspitze eine Kerbe auf 3/4 der Oberfläche und nimmt den Deckel ab. Mit einem Löffel nun das Innere der Kartoffeln aushöhlen, den Inhalt auf ein Sieb geben und zu Püree durchdrücken. Die leeren Kartoffel-Gehäuse warm stellen.
In einer kleinen, flachen Kasserolle die Butter in kleinen Stückchen mit einem Holzlöffel in das Püree einarbeiten.

– Daneben die Sahne aufkochen und dann in das Püree einarbeiten, leicht salzen und pfeffern.
Wenn das Püree leicht und schaumig ist, vom Feuer nehmen und die 2 Eigelbe zugeben, ferner den geschnittenen Schnittlauch und den in kleine Würfel geschnittenen rohen Schinken.
Die Eiweiß nicht zu fest schlagen und mit dem Holzlöffel in das Püree einmischen.
Mit dieser Masse die Kartoffel-Gehäuse ganz füllen.

Vollenden und anrichten:

- Die mit der Mischung gefüllten Kartoffeln auf eine Ofenplatte setzen und bei 180 Grad 1/4 Stunde backen.
- Eine Serviette auf eine Platte legen und darauf die Kartoffeln servieren.

Gemüse-Püree

Zubereitungszeit: 1 Stunde
Kochzeit: 25 Minuten

Zutaten für 4 Personen:

200 g feine entschälte Erbsen
100 g entstielter Spinat
100 g feine grüne Bohnen
200 g frische Spargelspitzen (außerhalb der Saison Konserven)
70 g Butter
3 g Zucker
Salz, Pfeffer

Vorarbeiten und Zubereitung:

Alle Gemüse sollen taufrisch sein.

- Schälen und aus der Schote nehmen nur im letzten Augenblick, dann die Gemüse getrennt auf klassische Art kochen, das heißt in viel Salzwasser, wobei der Topf nicht zugedeckt werden darf.
- Danach so schnell wie möglich abschrecken.
- Als Garnitur 1/4 der feinen Erbsen, 24 Spargelspitzen, 1/5 der in Stücke geschnittenen grünen Bohnen von 2 cm Länge beiseite legen.
- In eine große Kasserolle gibt man 30 g Butter und läßt den Spinat 5 Minuten anschwitzen, dann den Rest der feinen Erbsen, der feinen grünen Bohnen und des Spargels zugeben.
  Den Topf hermetisch schließen und auf kleinem Feuer eine knappe halbe Stunde kochen lassen.
- Danach das Ganze noch sehr heiß auf ein horizontales Sieb geben oder in einen Zerkleinerer, das Püree in der Kasserolle auffangen, die man vorher gereinigt hat.
- In eine sehr heiße Pfanne gibt man den Rest der Butter, läßt sie leicht bräunen und gibt sie dann in das Püree. Mit einem Holzlöffel einige Augenblicke umrühren, eine Messerspitze Zucker zufügen und abschmecken.
- Kann man dieses Püree nicht sofort servieren, tut man es in ein Gefäß im Wasserbad und legt auf die Oberfläche ein paar kleine Stückchen Butter, die, indem sie schmelzen, verhindern, daß sich eine Haut bildet.

Anrichten:

Einige Augenblicke vor dem Auftragen erwärmt man die beiseite gelegten Gemüse in heißem Salzwasser.

Man gibt das Püree in eine Gemüseschüssel und bestreut es mit der vorher gut abgetrockneten Garnitur.

Kastanien-Püree

Zubereitungszeit: 45 Minuten
Kochzeit: 25 Minuten

Zutaten für 4 Personen:

1 kg Kastanien
½ Liter Milch
100 g Butter
2 cl Cognac
Zucker, Salz

Vorarbeiten:

1. Mit einer Messerspitze spaltet man die Kastanien an der Seite, ohne zu tief ins Innere einzudringen.
2. Auf ein Blech legen und sie 7 bis 8 Minuten in den vorgewärmten Ofen schieben.
3. Aus dem Ofen nehmen und mit dem Messer die Schale abnehmen sowie die kleine innere Haut.

Zubereitung:

- Die Kastanien in eine Kasserolle geben und mit Milch bedecken. Zugedeckt 25 Minuten sanft kochen lassen.
- Zusammen mit der restlichen Flüssigkeit durch ein Sieb streichen.
- Dieses Püree in die inzwischen gereinigte Kasserolle geben, erhitzen und mit einem Holzlöffel umrühren. Erst kurz vor dem Servieren den Cognac und die Butter in kleinen Stückchen einarbeiten.
- Abschmecken und eventuell nachsalzen und zuckern.

Dieses Püree eignet sich als Beilage für Wild und Schweinebraten.

Gemüse-Rollen

Zubereitungszeit: 45 Minuten
Kochzeit: 8 Minuten

Zutaten für 4 Personen:

2 weiße Rüben von je 200 g
2 Karotten von je 200 g
1 Gurke von 100 g
100 g Butter
Salz, Pfeffer

Vorarbeiten:

Große Gemüsestücke aussuchen.

1. *Die Rüben:* Zwei Zylinder von 6 cm Länge schneiden, schälen und mit Hilfe eines sehr feinen und spitzen Messers der Länge nach möglichst lange Bänder herausschneiden.
   - Sollte ein Streifen dabei brechen, dennoch weiterschneiden; man kann auch die gebrochenen Stücke benutzen.
2. *Die Möhren:* 5 Minuten blanchieren (abbrühen), um sie geschmeidiger zu machen; auf die gleiche Art schneiden wie die Rüben.
3. *Die Gurken:* Ebenso zurechtschneiden, ohne das Innere mit den Kernen zu verwenden.
4. Die Gemüse-Bänder eine Minute in kochendes Wasser halten, mit einem Schaumlöffel herausnehmen und abkühlen lassen.
5. Rüben, Möhren und Gurken übereinanderlegen, so daß man dreifarbige Streifen von 20 bis 25 cm Länge erhält. Sie schlangenförmig einrollen und mit zwei Fäden zusammenbinden.

Zubereitung:

Die Rollen:

● 8 Minuten in kochendem Salzwasser garen.

Geschmolzene Butter:

● 5 cl Wasser in einer kleinen Kasserolle zum Kochen bringen, die Butter in kleinen Stückchen zugeben und auf großem Feuer mit dem Schneebesen bis zur vollständigen Bindung schlagen. Salzen und Pfeffern.

Anrichten:

Die Gemüserollen aus dem Wasser nehmen und sie in drei gleichmäßige Teile schneiden. Man legt sie auf den Rand von 4 heißen Tellern, indem man $^1/_3$ davon ausrollt, so daß sie aussehen, als würden die Bänder im Wind flattern.

Mit der flüssigen Butter übergießen und sofort servieren.

Es empfiehlt sich, weiße Teller zu benutzen, damit die Farben der Gemüse zur Geltung kommen.

Tomaten auf Tomaten

Zubereitungszeit: 20 Minuten
Kochzeit: 30 Minuten

Zutaten für 4 Personen:

12 Tomaten zu insgesamt 1,5 kg
30 cl Crème double
10 cl Erdnußöl
15 g Butter
1 geschälte Knoblauchzehe
2 Zwiebeln
1 Zweig Petersilie
1 Zweig Thymian
$^1/_2$ Lorbeerblatt
Salz, Pfeffer

Vorarbeiten:

1. 8 Tomaten in eine Kasserolle mit kochendem Wasser für eine halbe Minute tauchen.
   – Abschrecken und die Haut mit einem Küchenmesser abziehen.
   – An der Breitseite in zwei Hälften schneiden, die Kerne herausdrücken und das Tomatenfleisch in vier gleichmäßige Würfel schneiden.
2. Die Zwiebel hacken, den Knoblauch zerdrücken, das Kräutersträußchen mit einem Zweig Thymian, einem Drittel Lorbeerblatt und einigen Petersilienzweigen binden.
3. Die 4 restlichen Tomaten waschen und ungeschält quer in zwei Hälften schneiden und die Kerne ausdrücken.

Zubereitung:

- *Die entschälten Tomaten:* In eine kleine Schmorpfanne die gehackten Zwiebeln in 10 g Butter 5 Minuten lang anschwitzen, ohne sie Farbe nehmen zu lassen.
- Die in Würfel geschnittenen Tomaten zugeben, ferner den gehackten Knoblauch, das Kräutersträußchen und einige Körner grobes Salz.
- Aufkochen lassen, Topf zudecken und 25 Minuten kochen lassen.
- Das Kräutersträußchen herausnehmen, den Rest der Butter einarbeiten, mit Salz und Pfeffer abschmecken.

- *Die gebratenen Tomaten:* Die Tomatenhälften würzen und in heißem Öl in einer Pfanne braten.
- Mit der Haut nach oben in den auf 180 Grad vorgewärmten Ofen schieben, nach 5 Minuten umdrehen und weitere 10 Minuten schmoren lassen.
- Die Tomatenhälften herausnehmen, mit Sahne bedecken und auf sanftem Feuer einige Minuten ziehen lassen.

Anrichten:

Die 8 Tomatenhälften auf eine Servierplatte legen, mit Sahne begießen und sie mit den entschälten Tomatenstückchen garnieren.

Nudel-Muscheln »Jolly Martine«

Zubereitungszeit: 15 Minuten
Kochzeit: 14 Minuten

Zutaten für 4 Personen:

180 g Nudel-Muscheln
40 g geschälte Trüffel
100 g Butter
Trüffelsaft
Salz

Vorarbeiten:

Die Trüffel: Nimmt man frische Trüffel (Januar und Februar), kocht man sie 20 Minuten in etwas Salzwasser.

- Verwendet man Konserven, so sollten sie bereits gekocht sein.
- In beiden Fällen schälen und in gleichmäßige Julienne (Streifen) schneiden.
- 5 bis 15 cl Trüffelsaft, je nach dem Grad der Konzentration, aufbewahren.

Der Teig: Kleine Nudel-Muscheln aus Eierteig auswählen.

Zubereitung:

- Zwei Liter Salzwasser in eine Kasserolle schütten. Nach dem ersten Aufkochen die Teig-Muscheln hineingeben, umrühren, damit sie nicht aneinander kleben bleiben.
- Bei offenem Topf 12 bis 14 Minuten kochen lassen, ein Glas kaltes Wasser hineinschütten, um den Kochvorgang zu stoppen, und die Teig-Muscheln in einem Sieb abtropfen lassen.
  In einem mittelgroßen Topf den Trüffelsaft einkochen, die Nudeln und die Butter in kleinen Stückchen zugeben. Mit einer zweizackigen Küchengabel umrühren.
- Durch das Schmelzen der Butter werden die Teig-Muscheln gebunden.
- Die Trüffel-Streifen, ohne sie zu zerbrechen, vorsichtig einarbeiten und sofort servieren.

Nudeln mit Speck

Zubereitungszeit: 30 Minuten
Kochzeit: 15 Minuten

Zutaten für 4 Personen:

300 g frische Nudeln
200 g frischer Speck
500 g Tomaten
2 geschälte Knoblauchzehen
8 Minzblätter
Salz, Pfeffer

Vorarbeiten:

1. *Der Speck:* Die Schwarte abschneiden und den Speck in kleine Streifen schneiden. In einer Kasserolle abbrühen und dann abtropfen lassen.
2. *Die Tomaten:* In kochendes Wasser tauchen, schälen, in zwei Hälften quer schneiden, Kerne und Fruchtwasser ausdrücken und das Fleisch durch ein feines Sieb drücken.
3. *Der Teig:* Will man die Nudeln nicht selbst herstellen, so kauft man frische Nudeln in einer Spezialhandlung. Davon 30 g in Stückchen von 3 cm Länge schneiden.

Zubereitung:

- Das durchpassierte Tomatenpüree, den gehackten Knoblauch und die Minzblätter 5 Minuten in einer kleinen Kasserolle kochen.
- Die Speckscheiben in einer Pfanne so lange braten, bis sie in eine schöne goldene Farbe annehmen. Beiseite stellen.
- In der Hälfte des zurückbleibenden Fettes die 30 g Nudelstücke 3 Minuten anbraten und die restlichen Nudeln in gesalzenem Wasser 7 bis 8 Minuten auf großer Hitze kochen.
- Den Kochvorgang beenden, indem man kaltes Wasser zugießt und die Nudeln sofort herausnimmt und abtropfen läßt.
- Man kocht die Nudeln im letzten Augenblick, damit man sie kurz vor dem Servieren würzen kann.

Die Würzung:

– Die gut abgetropften Nudeln gibt man wieder in die Kasserolle, in der man sie gekocht hat.

Darauf das Tomatenpüree, die Speckscheiben und ihr Fett gießen, das Ganze mit einer Gabel durchrühren.

Anrichten: Die Nudeln in eine Salatschüssel geben und darauf die in der Pfanne gebratenen Nudelstückchen streuen.

Kiwi-Kuchen

Zubereitungszeit: 30 Minuten
Backzeit: 30 Minuten

Zutaten für 8 Personen:

10 Kiwis
4 Eier
25 cl Crème double
150 g Puderzucker
200 g Zuckerteig (siehe Rezept Seite 31)
4 cl Pflaumenschnaps
Trockengemüse

Vorarbeiten:

1. Eine Kuchenform von 25 cm Durchmesser mit Teigboden aus Zuckerteig auslegen.
2. Zubereitung der Masse: 2 ganze Eier, die Sahne, 100 g Zucker und den Pflaumenschnaps in eine Schale geben.
   – Mit einem Schneebesen verrühren und durch ein feines Spitzsieb passieren.
3. Die Kiwis entschälen und in Scheiben von 1 cm Dicke schneiden.

Zubereitung:

- Den Tortenboden mit einem Schwefelpapier auslegen, mit Trockengemüse bedecken und im Ofen bei 200 Grad Hitze 10 Minuten backen.
- Das Papier mit seiner Garnitur abnehmen, den halbgaren Tortenboden mit den Kiwi-Scheiben bedecken.
- Mit der angerührten Masse auffüllen und 20 Minuten bei 180 Grad im Ofen backen.
- Aus dem Ofen nehmen, die Tortenränder mit Papier schützen und mit dem Rest des Puderzuckers bestreuen.
- In den Salamander oder unter den Grill schieben, bis der Zucker leicht karamelisiert.
  Auf eine Tortenplatte schieben und den Ring der Form abnehmen.

Heidelbeer-Kuchen im Kohlblatt

Zubereitungszeit: 25 Minuten
Backzeit: 20 Minuten

Zutaten für 4 Personen:

160 g Heidelbeeren
3 Kohlblätter
20 g Butter
4 cl Crème double
2 Eier
70 g Zucker
20 g Mehl

Vorarbeiten:

1. Zwei schöne Kohlblätter aussuchen, die dicken Ränder beschneiden und sie in reichlich Salzwasser 10 Minuten abbrühen.
2. Die Masse vorbereiten: Die Eier, das Mehl, die Sahne in einer Schüssel gut vermischen und das Ganze durch ein feines Sieb passieren.
3. Die Heidelbeeren verlesen, die kleinen Blätter und Stiele abziehen.

Das Backen:

- Eine Eisenpfanne von 20 cm Durchmesser erhitzen.
- Die Butter schmelzen lassen und die Kohlblätter darin rollen, bevor man sie auf dem Boden und an den Seiten der Pfanne ausbreitet.
- Die Heidelbeeren darauflegen und die Masse darübergießen.
- Den Ofen auf 170 Grad vorwärmen und für 15 Minuten in den Ofen schieben, herausnehmen und das Braten des Kohls auf der Herdplatte beenden, so daß er nun eine schöne goldene Farbe annimmt, was man sieht, wenn man mit einem Spachtel die Kohlblätter leicht von der Pfanne abhebt.
  Das Ganze auf eine Platte schieben. 15 Minuten ruhen lassen und dann warm essen.

Kirsch-Kästchen Lamartine

Zubereitungszeit: 20 Minuten
Kochzeit: 5 Minuten

Zutaten für 4 Personen:

60 reife, aber noch feste Kirschen
20 cl Johannisbeergelee
5 cl alter Kirschschnaps
400 g rechteckiger Apostelkuchen (Brioche), den man beim Konditor kaufen kann
Puderzucker

Zubereitung des Kirschenkompotts:

1. Die Kirschen entkernen.
2. Das Johannisbeergelee in einer Kasserolle mit niedrigem Rand erhitzen, mit 10 cl Wasser vermischen und aufkochen lassen.
   - Die Kirschen in diesen Sirup werfen, den Topf zudekken und 5 Minuten auf großem Feuer kochen lassen.
3. Die Kasserolle vom Feuer nehmen, mit einem Schaumlöffel die Kirschen herausnehmen und in einer Kompottschüssel aufbewahren.
4. Den Sirup einkochen lassen, bis man ungefähr 20 cl zurückbehält.
   - Vom Feuer nehmen, den Kirschschnaps zufügen, der nicht mehr kochen soll, damit er sein ganzes Aroma behält.

Zubereitung der Brioche-Kästchen:

- Den Apostelteig (Brioche) in Scheiben von 2 cm Dicke schneiden.
- Rechtecke von 7 x 12 cm ausschneiden.
- 1 cm vom Rand ringsherum einschneiden, allerdings nur auf einer Seite, um damit später das Abnehmen des glasierten Hütchens zu erleichtern.
- Die Kuchenstücke auf ein Backblech stellen, mit Puderzucker dick bestreuen und unter dem Salamander oder dem Grill schmelzen (karamelisieren) lassen.
- Umdrehen und auf der anderen Seite in gleicher Weise verfahren.

Anrichten:

– Die Zucker-Deckel entlang den Einschnitten abheben, den Boden von 4 Tellern mit dem eingedickten Sirup begießen, die Kuchen-Kästchen daraufstellen, das Innere von jedem mit den Kirschen füllen und mit dem Hütchen zudecken.
Diese Nachspeise wird lauwarm verzehrt.

Renetten-Kuchen

Zubereitungszeit: 1 Stunde
Backzeit: 40 Minuten

Zutaten für 4 Personen:

1,5 kg Renetten-Äpfel
160 g Zucker
Puderzucker
1/4 Zitrone
3 Eier
50 g Butter
4 Scheiben Weißbrot

Zubereitung:

1. *Die Marmelade:* Gut reife Äpfel schälen und vierteln. Die Kerne entfernen.
   - Eine dreiviertel Stunde auf sanftem Feuer in einer zugedeckten Kasserolle kochen lassen, von Zeit zu Zeit umwenden.
   - Den Deckel abnehmen, 100 g Zucker zugeben und mit einem Holzlöffel gut umrühren.
   - Vom Feuer nehmen und durch ein Sieb passieren.
   - Die geschlagenen ganzen Eier und die weiche Butter einarbeiten, indem man heftig mit dem Holzspachtel rührt.
2. *Der gebrannte Zucker:* In eine Form von 25 cm Durchmesser 60 g Zucker schütten, einige Tropfen Zitronensaft und 1 Eßlöffel Wasser zugeben. Aufs Feuer stellen und karamelisieren lassen, indem man heftig umrührt.
   - Ist die Masse hellbraun, die Form leicht neigen, um die Wände damit auszugießen.
   - Diese Arbeit dauert ungefähr 10 Minuten.
3. *Das Brot in 4 Scheiben schneiden,* 8 Brotherzen setzt man im Kreis auf den Boden der Form.
   - Die Brotstücke in der Zuckermasse umwenden, um sie zu färben.
   - Die Form mit der Marmelade füllen und im Wasserbad bei 160 Grad Ofenhitze 40 Minuten kochen.
   - Langsam abkühlen lassen, aus der Form nehmen. Man ißt den Kuchen lauwarm oder kalt mit englischer Crème*.

Anmerkung des Herausgebers: Englische Crème: Auf 125 g Puderzucker 4 Eigelb und eine Prise Salz. Schaumig rühren, 1/4 l Milch nach und nach zugeben, dabei ständig schlagen. Diese Crème kann mit Vanille, Orangenschale, Zitronenschale oder mit Likören und Cognac aromatisiert und mit Gelatine gebunden werden.

Der große Nachtisch von Troisgros

Dieses Dessert besteht aus verschiedenen Früchten, die mit der Jahreszeit wechseln. Wesentlich ist, ganz frische Früchte und möglichst verschiedenartige auszusuchen. Man serviert den Nachtisch mit Eis oder Sorbet und aromatisiert das Ganze mit Himbeermark-Sauce und wahlweise mit Crème fraîche.

Gekochte Früchte:

Der Sirup: Stets 600 bis 700 g Zucker auf 1 Liter Wasser. Der Sirup soll die Früchte ganz bedecken. Ihre Kochzeit hängt von der Reife ab.
Die Pfirsiche: Schälen und in Sirup pochieren. Die weißen Pfirsiche ganz lassen, die gelben halbieren und den Kern entfernen.
Die Birnen: Schälen und in Zitronensaft legen. Den Stiel daranlassen, jedoch das Herz mit den Kernen herausnehmen. Im Sirup kochen. Besonders dicke in der Mitte durchschneiden.
Die Kirschen: Einige zerdrückte Kerne in einem zum Bündel geknüpften Tuch mitkochen.
Die Aprikosen: In zwei Hälften schneiden und mit einer Zimtstange zusammen kochen.
Die Mirabellen, Pflaumen: Im Stück kochen.
Backpflaumen: Pochieren (siehe Rezept Seite 203).
Die Feigen: Mit Zucker und einem Lorbeerblatt in Rotwein kochen.

Rohe Früchte:

Frische Mandeln: Entschälen und in zwei Hälften spalten.
Weintrauben: Die Haut abziehen und die Kerne herausnehmen.
Melone, Kürbis, Wassermelone: Mit einem scharfen Tournier-Löffel die Kerne herausnehmen, kleine Kugeln aus dem Fleisch schneiden. In Zucker und Orangenlikör einlegen.
Ananas: Schälen, Kern entfernen, in kleine Stücke schneiden und in kaltem Zuckerwasser einlegen.
Orangen, Pampelmusen: Schälen. Mit einem feinen Küchenmesser die Filets herauslösen, indem man zwischen Fleisch und Häutchen auf jeder Seite entlangfährt. Zum

Schluß den Saft ausdrücken und die Frucht-Filets in ihren eigenen, gezuckerten Saft einlegen.

Rote Früchte:

Erdbeeren: Den Stiel abnehmen und waschen; zuckern und mit Zitronensaft beträufeln. Die dicken in zwei Hälften schneiden.
In gleicher Weise mit *Walderdbeeren, Himbeeren und Brombeeren* verfahren.

Zubereitung:

Auf einen großen, sehr kalten Teller legt man in die Mitte einen Eßlöffel Sorbet (von rohen Feigen, Erdbeeren, Himbeeren oder Ananas) und eine Kugel Eis (Vanille, Nuß, Honig).

Die Saison-Früchte herumlegen. Dabei harmonische Farbzusammenstellungen suchen, zurückhaltend mit Himbeermark-Sauce begießen; wahlweise einige Fäden Crème fraîche darüberstreichen (sehr wenig).

Auf einem anderen Teller präsentiert man in kleinen Teilen: verschiedene Kuchen wie den Kiwi-Kuchen, die Renetten-Torte, Blätterteig mit Johannisbeeren oder Schokoladentorte.

Im übrigen verziert man den Tisch mit kleinen Teilen vom Zuckerteig, mit Mandel-Ziegeln, mit glasierten Maronen, mit Makronen in verschiedenem Aroma.

Himbeermark-Sauce:

Zutaten für 4 Personen:

200 g Himbeeren
140 g Zucker

Die Früchte im Mixer zerkleinern; den Saft in ein Glas-Gefäß geben. Den Zucker darüberstreuen; kalt stellen und von Zeit zu Zeit mit einem Holzlöffel umrühren, damit der Zucker schmilzt. Außerhalb der Saison kann man auch tiefgefrorene Himbeeren verwenden, die ebenfalls zu einem guten Resultat führen.

Walnuß-Eis

Zubereitungszeit: 30 Minuten
Kochzeit: 10 Minuten

Zutaten für 4 Personen:

½ Liter Milch
50 g halbe, frische Walnußkerne
5 Eigelb
100 g Akazienhonig
2 cl Nuß-Schnaps

Vorarbeiten:

1. *Die Nüsse:* Frische und gesunde Nüsse auswählen, die Schalen aufbrechen, die Kerne herausnehmen und von ihrer dünnen Haut befreien.
   – Die Nüsse grob hacken.
2. Die Eigelb mit dem Honig 5 Minuten lang mit dem Schneebesen heftig arbeitend in einer Schüssel vermischen.

Das Eis:

- In einer Kasserolle die Milch aufkochen, die gehackten Nüsse zugeben und 10 Minuten auf der Ecke der Herdplatte ziehen lassen.
- Diesen Aufguß in die Masse Eigelb-Honig geben und mit einem Holzlöffel unaufhörlich auf sanftem Feuer rühren. Sobald sie dick wird, vom Feuer nehmen, und auf keinen Fall mehr kochen lassen.
  Das Ganze in eine Schale schütten und abkühlen lassen, dann den Nuß-Schnaps einrühren.
  Ungefähr 30 Minuten vor dem Servieren die Masse in die Sorbetiere geben und gefrieren lassen.

Kürbis-Brei

Zubereitungszeit: 30 Minuten
Kochzeit: 40 Minuten

Zutaten für 4 Personen:

700 g Kürbis
40 g Korinthen
50 g Mehl
50 g Zucker
20 g Butter
3 Eier
25 cl Milch
5 cl Crème double
1 Zitrone
Muskatnuß,
Salz, Pfeffer

Vorarbeiten:

1. Einen reifen, möglichst orangenfarbenen Kürbis auswählen. Schälen und in 4 große Viertel teilen.
2. Die Korinthen in kaltes Wasser legen.
3. 3 Stück Zitronenschalen (Zesten) vorbereiten.

Der Kürbis:

- Die Kürbis-Stücke in eine Kasserolle mit leicht gesalzenem, kochendem Wasser geben; 10 Minuten kochen lassen. Dann auf einem Sieb abtropfen.
- Die Butter in einer Pfanne schmelzen. Die Kürbisstücke hineingeben und so lange braten, bis sie ihr Wasser verdampft haben und zu Püree geworden sind.

Zubereitung:

- Das Mehl, den Zucker, die ganzen Eier, die Milch und die Sahne in eine große Terrine geben.
- Mit dem Schneebesen schlagen. Dann, immer weiter rührend, das Kürbis-Püree einarbeiten.
- Die Korinthen abtrocknen und der Masse zugeben, mit ein wenig geriebener Muskatnuß, einer Drehung der Pfeffermühle und den Zitronen-Zesten würzen.

Vollenden:

- Eine Gratinier-Form wählen, die so groß ist, daß der Brei etwa 4 bis 5 cm dick aufliegt. Die Masse hineingeben und die Terrine ins Wasserbad stellen. In den auf 170

Grad erhitzten Ofen schieben und 40 Minuten garen lassen.

- Abkühlen lassen, 2 bis 3 Stunden in den Kühlschrank stellen, dann servieren.

Zucker-Blätter

Zubereitungszeit: 20 Minuten
Backzeit: 20 Minuten

Zutaten für 10 Personen:

200 g Blätterteig (siehe Rezept Seite 32)
80 g körniger Zucker
10 g Puderzucker

Vorarbeiten:

- Am Vortage den Blätterteig herstellen (nicht mehr als 4 Touren geben).
- Den Arbeitstisch mit 30 g körnigem Zucker bestreuen und dem Teig nun die fünfte Tour geben.
- Wieder 30 g Zucker streuen und die sechste Tour geben.
- Man hat also bei beiden Touren das Bestäuben mit Mehl durch Zucker ersetzt, der sich nun in den Teig eingerollt hat.
- Die Blätterteig-Rolle 20 Minuten kalt stellen.

Zubereitung:

- ● Den Teig in ein 15 cm breites Rechteck ausrollen und dabei die 20 g des restlichen Zuckers verwenden.
- ● Der Länge nach in 3 Teile schneiden, was 3 Streifen von 5 cm Breite ergibt.
- ● Mit einem Pinsel mit Wasser befeuchten und die Streifen übereinander legen. Mit Hilfe der Kuchenrolle leicht drücken.
- ● Jetzt die Bänder auf eine Platte legen und 15 Minuten ins Tiefkühlfach schieben.
- ● Ein Backblech mit Schwefelpapier bedecken, den Puderzucker daraufstreuen und leicht befeuchten.
- ● Die Bänder in Stäbchen von 5 mm Dicke auf die Platte legen.
- ● In Schachbrettform anordnen und einen Zwischenraum von 2 bis 4 cm zwischen jedem Stück lassen.
- ● Den Ofen auf 150 Grad vorwärmen, dann ausschalten und 20 Minuten im Ofen ziehen lassen, nach 10 Minuten wieder einschalten.
- ● Infolge der Hitze dehnt sich der Blätterteig aus, der Zucker karamelisiert und bildet dabei einen einzigen Block.

Das Muster sieht jetzt aus wie ein unfertiger Mosaik-Steinboden.

- Auf dem Blech 30 Minuten abkühlen lassen.

Anrichten:

Man bedeckt eine große Silberplatte mit einem Tuch und wendet das Ganze vorsichtig auf diese Platte.

Man setzt die Platte in die Mitte des Tisches, und die Gäste brechen sich die Stücke selbst mit den Fingern ab.

Tango-Orangen

Zubereitungszeit: 1 Stunde
Kochzeit: 1 Stunde
3 Stunden vor dem Verzehr anfertigen

Zutaten für 4 Personen:

8 Orangen
10 cl Grenadine
5 cl Grand Marnier
10 g körniger Zucker

Vorarbeiten:

Kernlose und ungespritzte Orangen aussuchen (Navelates aus Spanien zwischen November und April).

1. *Die Zesten:* Die Orangen waschen, mit einem Küchenmesser Schalenstücke herausschneiden, dabei darauf achten, daß man nur den farbigen Teil nimmt.
   Die Schalen in gleichmäßige Streifen schneiden und sie 15 Minuten brühen.
   – Danach in kaltes Wasser legen und abtropfen lassen.
2. *Die Orangen:* Schälen und die weiße Haut mit dem Küchenmesser abziehen.
   – Jetzt über einer Salatschüssel arbeiten: Die Fruchtfilets herausschneiden, indem man mit dem feinen Messer zwischen Fleisch und Häutchen einschneidet.
   – Die Filets in das Gefäß fallen lassen.
   – Zum Schluß die ausgenommene Orange auspressen und den Saft in dem Gefäß aufbewahren.
   Grand Marnier und Zucker zufügen, die Orangenfilets mindestens 3 Stunden darin einlegen.

Kochen der Schalen:

- Die Grenadine in einer Kasserolle aufkochen lassen, die Schalenstreifen hineinwerfen und auf sanftem Feuer kochen lassen.
- Ist die Flüssigkeit verdampft, sind die Schalen »eingemacht«. Man nimmt sie heraus und hebt sie in einer Schale auf.
- Dieser Vorgang kann 45 bis 60 Minuten dauern.

Anrichten:

Man serviert die Orangen-Filets in kleinen Töpfchen und bedeckt sie mit den eingemachten Orangenschalen.

Ohrenklappen

Zubereitungszeit: 30 Minuten
Kochzeit: 3 Minuten

Zutaten für 4 Personen:

250 g Mehl
2 Eier
40 g Butter
1 Liter Olivenöl
2 cl Rum
½ Zitrone
100 g körniger Zucker

Der Teig:

Auf dem Arbeitstisch oder, am besten, auf einer Marmorplatte das Mehl mit einer Vertiefung ausbreiten.

In die Mitte 75 g Zucker, 2 Eigelb, die weiche Butter, den Rum und eine halbe geriebene Zitronenschale geben.

Diese Zutaten, ohne das Mehl zu berühren, mit den Fingerspitzen einer Hand vermischen. 1 cl kaltes Wasser zugeben und in das Mehl einarbeiten, ohne den Teig zu sehr zu kneten, was ihm Körper geben und ihn elastisch machen würde.

Zu einer Kugel rollen, mit einem feuchten Tuch zudecken und eine Stunde kalt stellen.

Die Ohrenklappen:

Dem Teig auf dem Arbeitstisch oder der Marmorplatte mit der Kuchenrolle zwei Touren geben und ihn auf eine Dicke von 5 mm ausrollen.

Dann in Rhomben-Formen von 10 auf 5 cm schneiden und mit dem Rücken eines Messers wahlweise eine Dekoration einritzen.

Zubereitung:

- In einer Kasserolle die Friture vorbereiten, das heißt das Olivenöl auf 180 Grad erhitzen, die ausgeschnittenen Teigstücke (»Ohrenklappen«) für 2 bis 3 Minuten hineinhalten.
- Auf einem Tuch abtropfen und im Rest des Puderzuckers rollen.

Man ißt diesen Kuchen kalt und kann ihn 2 bis 3 Tage in einer Metall-Büchse aufheben.

Eingemachte Pampelmusen-Streifen

Zubereitungszeit: 30 Minuten
Kochzeit: 1 Stunde

Zutaten:

6 Pampelmusen, das heißt ca. 2 kg
600 g Puderzucker
100 g Kristallzucker

Vorarbeiten:

Pampelmusen mit dicker Haut auswählen.

Die zwei äußeren Enden der Frucht abschneiden. Sie aufrecht halten und in einer runden Bewegung von oben nach unten 4 Viertel herausschneiden, indem man darauf achtet, daß ein Drittel des Fleisches an der Haut bleibt.

Jedes Viertel jetzt in 4 Riemen gleicher Größe schneiden, was zum Schluß 96 Stäbchen von 7 cm Länge und 1½ cm Dicke ergibt.

Zubereitung:

- Die Schalen-Streifen in eine Kasserolle geben, mit kaltem Wasser bedecken und langsam zum Kochen bringen.
- 5 Minuten kochen lassen, herausnehmen, abtropfen lassen.
- Dieses Verfahren noch viermal anwenden.
- Das Brühen soll den Schalen das Bittere entziehen.
- Das Wasser aus der Kasserolle abgießen und die Pampelmusenstreifen wieder hineingeben, diesmal mit dem Puderzucker. Auf kleiner Flamme erhitzen und dabei oft mit dem Holzlöffel umrühren.
- Das muß sehr langsam und bei offener Kasserolle geschehen. Geschieht die Verdunstung zu schnell, werden die Schalen nicht gar. Man muß zwischen 50 Minuten und 1 Stunde rechnen, bis sie »eingemacht« sind.

Vollenden:

Die Streifen auf einen Rost legen, damit der überflüssige Sirup abläuft – sind sie kalt, rollt man sie einzeln mit der Hand in dem Kristallzucker.

Kalt servieren.

Für das Frühstück am nächsten Morgen:

Jetzt kann man das restliche Pampelmusen-Fleisch verwenden.

Mit einem sehr spitzen und scharfen Küchenmesser löst man Stück für Stück die Filets aus, indem man zwischen den Häutchen einschneidet. Das enthäutete Fleisch in eine Salatschüssel geben, die Kerne herausnehmen und den restlichen Saft aus der Pampelmuse pressen. Gut zuckern und das Ganze ein Nacht kalt stellen.

Zum Frühstück in kleinen Schälchen servieren.

Das ist eine schöne Ergänzung zum süßen Café.

Pfirsiche und Mandeln in Beaujolais

Zubereitungszeit: 30 Minuten

Zutaten für 4 Personen:

10 weiße Pfirsiche, d. h. ca. 1 kg
24 frische Mandeln
200 g Himbeeren
25 cl Beaujolais (am besten Brouilly)
150 g körniger Zucker

Die Pfirsiche:

Die Haut abziehen, was sehr leicht ist, wenn die Pfirsiche gut reif sind. In 8 Teile vom Äußeren zum Kern hin schneiden. In eine Salatschüssel geben.

Die Mandeln:

Die Schale aufbrechen, sie dann enthäuten, das heißt, sie zwei Minuten in kochendes Wasser halten, abschrecken, sie dann zwischen den Fingern drücken, um die Haut abzulösen. Dann spalten, indem man die Spitze eines kleinen Messers in die Mitte einsticht.

Die Himbeeren:

Schnell durch ein waagerechtes Sieb drücken, das Püree in einer Schale auffangen.

Zubereitung:

● Den mit dem Himbeerpüree vermischten Rotwein über die Pfirsiche geben, zuckern und 1 Stunde kalt stellen.

Anrichten:

Die Pfirsiche auf 4 große Burgunder-Rotweingläser verteilen, die man vorher gut gekühlt hat.

Die frischen Mandeln daraufstreuen.

Backpflaumen in Süßwein und Sahne

Zubereitungszeit: 15 Minuten
Kochzeit: 10 Minuten

Zutaten für 4 Personen:

36 Backpflaumen
1/2 Liter Rasteau (süßer Rhône-Weißwein)
1/2 Liter roter Bordeaux-Wein
100 g Zucker
20 cl Himbeersaft
20 cl Crème double
1 Zitrone (ungespritzt)
1 Orange (ungespritzt)

Zubereitung:

1. Den süßen Weißwein und den Rotwein vermischen und für eine Nacht die Backpflaumen darin einlegen.
2. Sind sie am nächsten Tag aufgegangen, tut man sie, ohne sie zu entkernen, in eine Kasserolle auf das Feuer.
3. Die Orange und die Zitrone ungeschält in dicke Scheiben schneiden.
4. Das Weingemisch, die Zitronen- und Orangenstücke und den Zucker zufügen. Aufkochen und 15 Minuten brodeln lassen.
   Die Backpflaumen hineingeben und 3 Tage in diesem Sud kalt stellen.

Anrichten:

Die Orangen- und Zitronenscheiben herausnehmen, die Backpflaumen in tiefen Tellern in dem Kochsud servieren.
Das Ganze mit Crème double begießen.

Sorbet von frischen Feigen

Zubereitungszeit: 30 Minuten

Zutaten für 4 Personen:

1,3 kg frische Feigen
1 Zitrone (ungespritzt)
150 g Zucker
2 Eßlöffel Schlagsahne
2 cl Kirschwasser

Diese Kaktusfrucht sollte nur ganz reif verwendet werden. Das Zubereiten ist wegen der feinen Nadeln, die sie bedecken, nicht einfach. Man sollte sie mit Handschuhen reinigen.

Zubereitung:

1. Die beiden äußeren Enden mit einem Küchenmesser abschneiden, von unten nach oben einen Einschnitt machen und die Haut abziehen, was sich leicht machen läßt.
   - 4 Feigen in Scheiben von 2 cm Dicke schneiden, in einer Salatschüssel aufheben, mit 20 g Zucker süßen und mit dem Kirschwasser ansetzen.
   - Die anderen Feigen im Mixer zerkleinern, das flüssige Püree in einer Salatschüssel auffangen, den Zitronensaft und die Hälfte des Zuckers zufügen.
   - Kalt stellen.
2. Man stelle eine Schale in gehacktes Eis, schlage die Sahne ungefähr 5 Minuten darin, bis sie andickt, aber schaumig bleibt. Den Rest des Zuckers einarbeiten.
   Beide Kompositionen jetzt sorgfältig vermischen.
3. Die Masse in die Sorbetiere geben.

In einer Schale servieren und mit den Feigen-Scheiben dekorieren.

Konditor-Crème (Crème Pâtissière) für Soufflé

Zubereitungszeit: 20 Minuten

Zutaten für 4 Personen:

1/4 Liter Milch
2 Eier
100 g Zucker
40 g Mehl

Zubereitung:

1. Die Milch in einer kleinen Kasserolle aufkochen lassen.
2. In einer Schüssel die ganzen Eier, den Zucker und das Mehl zusammenrühren.
   – Mit Hilfe eines Schneebesens gut vermischen.
3. Die kochende Milch darübergießen und zu einer einheitlichen Masse verrühren.
4. Das Ganze in die Kasserolle geben und kochen lassen, indem man mit dem Schneebesen rührt, damit sich nichts am Rand festsetzt.
   – 2 bis 3 Minuten auf diese Art kochen lassen.

Durch ein feines Sieb in eine kleine Terrine schütten.

Bis zum Gebrauch lauwarm halten.

Flambiertes Soufflé mit gebrannten Mandeln

Zubereitungszeit: 45 Minuten
Kochzeit: 16 Minuten

Zutaten für 4 Personen:

3 Eigelb
8 Eiweiß
4 cl Orangenlikör
150 gebrannte Mandeln
10 g Butter
20 g Zucker
$^1/_8$ Liter Konditor-Crème (siehe voriges Rezept)

Vorarbeiten:

1. Eine Gratinier-Form von 30 cm Länge ausbuttern, das Innere mit Zucker bestreuen, indem man die Terrine von links nach rechts hin und her schüttelt, damit sich der Zucker gut verteilt. Dann die Terrine umwenden, damit der überflüssige Zucker herausfällt.
2. Die gebrannten Mandeln grob auf dem Tisch zerdrücken, am besten mit einer Kuchenrolle.
3. 3 Eigelb in die heiße Konditor-Crème mit dem Schneebesen zwei bis drei Minuten lang einarbeiten.

Zubereitung:

Die Eiweiß mit einer Messerspitze Salz würzen und in einem Kupferkessel steif schlagen. Dann $^1/_4$ der Konditor-Crème einarbeiten. Die Masse in den Rest des steifen Eiweißes geben und mit einem Holzspachtel vermischen. Die zerdrückten Mandeln zugeben, $^1/_5$ jedoch zurückbehalten.

Die ausgebutterte Form mit der Masse füllen und mit dem Spachtel glätten. Den Rest der zerdrückten Mandeln darüberstreuen.

Das Backen:

- Die Form erst auf der Herdplatte erwärmen, den Ofen auf 180 Grad vorwärmen, die Form hineinschieben, den Ofen herunterschalten und 16 Minuten darin lassen.
- Anschließend sofort auf den Tisch bringen, mit Likör übergießen, zwei kleine Einschnitte in das Soufflé machen, damit der Alkohol ins Innere eindringen kann und abflambieren.

Sehr rasch servieren. Beilage: Mandel-Eis.

Soufflé mit Akazienblüten

Zubereitungszeit: 30 Minuten
Backzeit: 18 Minuten

Zutaten für 4 Personen:

100 g Akazienblüten
2 cl Cognac
2 Eigelb
5 Eiweiß
1 Stück Butter
$^{1}/_{8}$ Liter Konditor-Crème (siehe Rezept Seite 257)
körniger Zucker
Puderzucker
Salz

Vorarbeiten:

1. *Die Blüten:* 2 ganze Blütenzweige beiseite legen. Den Rest Blüte für Blüte abzupfen, darauf achten, daß die Blätter am Stiel bleiben.
   - Hat man 50 g zusammen, mit Zucker überstäuben und mit Cognac begießen. Zwei Stunden marinieren lassen.
2. *Die Crème:* Konditor-Crème vorbereiten und warm stellen.
3. *Eine Soufflé-Form ausbuttern.*
   - 15 g Körner-Zucker hineingeben.
   - Die Form umdrehen, leicht draufklopfen, damit der überschüssige Zucker wieder herausfällt, der die Form lediglich leicht auskleiden soll.
   - Kalt stellen.
4. *Einen Kupferkessel mit Salz und Weinessig spülen,* mit fließendem Wasser reinigen, dann mit einem absolut sauberen Tuch trocknen.
   - 5 Eiweiß in den Kessel geben, eine kleine Prise Salz dazu und mit dem Schneebesen anfangs sehr sanft und später immer stärker schlagen.
   - Wenn das Eiweiß so fest ist, daß es mit dem Schneebesen einen Block bildet, macht man eine Kreisbewegung, um der Masse Gleichförmigkeit zu geben.

   Man kann auch einen elektrischen Schneebesen benutzen.

5. 2 Eigelbe in die Konditor-Crème geben, mit dem Schneebesen einrühren und die Masse leicht erhitzen.
   - 1/4 des Eiweißes in die Masse hineinmischen.
   - Dann das Ganze in den Kupferkessel geben und den Rest des Eiweißes mit einem Holzspachtel einarbeiten. Vorsichtig die Akazienblüten und den Cognac in die Masse geben.

   Die Masse in die Auflaufform geben, die Oberfläche mit dem Spachtel glattstreichen und mit den 2 Blütenzweigen, die man beiseite gelegt hatte, dekorieren.

Das Backen:

- Zunächst das Soufflé einige Sekunden auf eine heiße Herdplatte stellen, dann den Ofen auf 180 Grad vorwärmen und für 17 Minuten hineinschieben. Die Hitze mäßigen (herunterschalten).
- Mit Puderzucker überstreuen und sofort servieren.

Melonen-Torte

Zubereitungszeit: 30 Minuten
Backzeit: 20 Minuten

Zutaten für 4 Personen:

3 Melonen zu je 600 g
3 Gelatineblätter
Saft einer Viertel Zitrone
25 g Streuzucker
175 g Zuckerteig (siehe Rezept Seite 31)

Vorarbeiten:

1. *Tortenboden:* Ihn zubereiten, wie in dem Rezept für Kiwi-Kuchen (siehe Seite 236).
2. *Die Melonen:* Man wähle reife, aber nicht überreife Früchte, die einen guten, typischen Duft haben sollen.
   A – Eine Melone quer teilen, sorgfältig die Kerne herausnehmen (mit Hilfe eines Löffels), 24 Kugeln ausstechen, die man für die Dekoration aufhebt.
   B – Den Rest des Melonenfleisches, ohne die Haut zu verletzen, herausnehmen, sofort durch ein horizontales Sieb in eine Schüssel drücken, den Zitronensaft zufügen und kalt stellen.
   C – Die beiden anderen Melonen vierteilen und das Fleisch ablösen.
3. *Die Gelatineblätter* in kaltem Wasser einlegen.

Zubereitung:

- In einer Kasserolle das Melonenfleisch (C) mit dem Zucker kochen und das Fruchtwasser verdampfen lassen, indem man mit einem Holzlöffel ungefähr 10 Minuten rührt.
- Die Gelatine abtropfen und einarbeiten, darauf achten, daß sie gut aufgelöst wird.
- Das Ganze vom Feuer nehmen.
- Wenn die Masse erkaltet ist, die Mischung (B) Melone–Zitronensaft zugeben.

Vollenden:

Den Tortenboden mit dieser Masse bedecken und 2 Stunden kalt stellen. Mit den beiseite gelegten Melonen-Kugeln dekorieren (A).

Sehr kalt servieren.

Rhabarber-Torte mit Sahne

Zubereitungszeit: 30 Minuten
Backzeit: 30 Minuten

Zutaten für 4 Personen:

600 g Rhabarber, das ergibt 400 g geschält
170 g Streuzucker
1/2 Zitronenschale
150 g Zuckerteig (siehe Rezept Seite 31)
6 cl Crème double
2 Nelkenstangen
Trockene Bohnen

Man wähle vorwiegend Rhabarberstiele aus, die sich in der Mitte des Büschels befinden. Die rote Farbe am Rande zeigt an, daß sie reif genug sind.

In Streifen von 15 cm schneiden und die kleine Haut abziehen. Dann sie so fein wie möglich schneiden.

Kochen des Rhabarbers:

- Den Rhabarber in eine Kasserolle mit 160 g Zucker legen. Hermetisch schließen und 10 Minuten sanft dünsten lassen.
- Den Deckel abnehmen und die Kasserolle auf großes Feuer setzen.
- Mit einem Holzspachtel umrühren bis das ganze Fruchtwasser verdampft ist und die Masse die Konsistenz eines Apfelkompotts hat.
- Dann die kleingehackte Zitronenschale zufügen.

Die Torte:

- Eine tiefe Form von 15 cm Durchmesser mit dem Zuckerteig auslegen. Den Boden mit einer Gabel einstechen, ein Schwefelpapier, das mit trockenen Bohnen belegt ist, darüber ausbreiten.
- 10 Minuten im Ofen bei 200 Grad Hitze backen.
- Dann das Papier mit seiner Garnitur abnehmen und das Rhabarberkompott daraufgeben.
- 15 Minuten in den Ofen bei 150 Grad Hitze schieben. Die Torte herausnehmen, auf einen Rost kalt stellen.

Vollenden:

Mit dem Schneebesen die sehr kalte Sahne in einer Salatschüssel schlagen, bis sie etwas fest wird.

10 g Zucker und 2 zerdrückte Nelkenstangen einarbeiten.

Die Crème auf den Rhabarber geben und die Oberfläche mit einem Spachtel glattstreichen. Darauf zeichnet man eine Dekoration nach Belieben.

Sobald wie möglich servieren.

Schokoladen-Sahne-Torte

Zubereitungszeit: 1 Stunde 30 Minuten
Backzeit: 30 Minuten

Dieser Kuchen besteht aus einem Biskuitteig, der mit Schokoladenmus und Schlagsahne gefüllt wird.

Für den Biskuitteig (Genoise): Zutaten für 8 Personen:

4 Eier
125 g Zucker
125 g Maizena
25 g ungezuckerter, bitterer Kakao
20 g Butter (zum Ausbuttern der Form)

Zubereitung:

- Eine Schmorpfanne in ein heißes Wasserbad auf die Ecke der Herdplatte setzen.
- Die ganzen Eier und den Zucker schlagen, bis sich der Umfang um ein Drittel vergrößert hat. Die Masse soll lauwarm sein und sich leicht ziehen lassen.
- Maizena und Kakao hinzufügen und gut vermischen.
- Eine Form von 25 cm Durchmesser und 5 cm Höhe ausbuttern, die Masse hineingeben und 30 Minuten bei 160 Grad im Ofen backen.
- Den Biskuitteig herausnehmen, auf einen Rost stürzen und abkühlen lassen.

Schokoladenmus Zutaten:

125 g Couverture-Schokolade
25 g Streuzucker
2 ganze Eier
6 cl Milch

Zubereitung:

- Auf sehr sanftem Feuer die Schokolade in der Milch schmelzen, den Zucker und die Eigelbe zugeben, dabei ständig umrühren.
- Stärker erhitzen, dann die zwei geschlagenen Eiweiße zugeben und mit einem Holzlöffel einrühren.
- Das Ganze für ungefähr 12 Stunden kalt stellen.

Die Schlagsahne Zutaten:

½ Liter Schlagsahne
20 g Zucker

Zubereitung:

- Die Sahne in eine sehr kalte Schale geben und ungefähr 7 bis 8 Minuten heftig schlagen. Sobald sie dick wird, den Zucker zufügen und gut einmischen.
- Kalt stellen.

Zubereitung des Kuchens:

- Ein Drittel des Schokoladenmuses beiseite stellen. Den Biskuitteig horizontal mit einem Brotmesser in drei gleiche Teile schneiden.
- Die erste Scheibe auf einen Karton von gleicher Größe setzen und mit zwei Dritteln des Schokoladenmuses bedecken. Den zweiten Teil Teig daraufgeben und die Schlagsahne aufsetzen. Die dritte Scheibe darübersetzen, dann den ganzen Turm und die Oberfläche mit dem Rest des Schokoladenmuses bedecken.

Dekoration
Zutaten:

80 g geröstete Mandeln
1 Täfelchen feste Schokolade

Die gerösteten Mandeln kann man im Geschäft kaufen. Es genügt, sie kurz auf den Grill zu legen, damit sie eine schöne goldene Farbe bekommen.

Den Kuchen in die eine Hand nehmen und mit der anderen langsam drehen und dabei die Mandeln fest einstecken.

Mit einem Küchenmesser Späne von der festen Schokolade schaben und mit den Spänen die Oberfläche dieses Kuchens bedecken.

Dicke Mandel-Ziegel

Zubereitungszeit: 15 Minuten
Backzeit: 10 Minuten

Zutaten für 4 Stücke:

130 g feingeschnittene Mandeln (siehe Rezept S. 254)
120 g Streuzucker
20 g Mehl
10 cl Eiweiß (ungefähr 2½ Eiweiße)
30 g Butter

Vorarbeiten:

1. 20 g Butter schmelzen lassen, ohne sie zu stark zu erhitzen.
2. 10 g der Mandeln beiseite legen
3. In einer Schale die trockenen Elemente mischen: Mandeln, Zucker, Mehl. Die Eiweiße und die Butter unter ständigem Umrühren zugeben.
   – Diese Masse muß am Tag vorher zubereitet werden – falls nicht, läßt man sie wenigstens 2 Stunden ausruhen.
4. Das Backblech ausbuttern, ¼ der Masse nehmen und mit Hilfe einer in kaltes Wasser getauchten Gabel ausbreiten, bis das Ganze eine ovale Form von 15 mal 20 cm auf dem Blech hat.
   Darauf achten, daß die Masse gleichmäßig dick ist, damit sie einheitlich gar wird.
   Die Oberfläche mit einigen Mandelstreifen bedecken.

Das Backen:

- Den Ofen auf 170 Grad erhitzen und 10 Minuten backen lassen, den Vorgang überwachen, bis man eine schöne hellbraune Farbe erhält.
- Dann herausnehmen und die gebackene Masse um eine liegende leere Flasche formen, der Länge nach um die Flasche gelegt.
- Während die Masse abkühlt, wiederholt man diese Zubereitung noch dreimal, bis man 4 Stücke erhalten hat. Man kann das auch gleichzeitig machen, wenn der Ofen groß genug ist, um alle 4 Stücke aufzunehmen.

Anrichten: Sind die Stücke erkaltet, nimmt man sie vorsichtig von der Flasche ab und legt sie auf eine große Platte, die man mit Feingebäck garniert.

Verlag Ullstein GmbH · Berlin · Frankfurt/M. · Wien

Titel der Originalausgabe »Cuisiniers à Roanne«

Übersetzung Klaus Besser
Typographische Einrichtung Dieter Speck
Gesamtherstellung May & Co, Darmstadt
Printed in Germany 1978
ISBN 3 550 07788 2

CIP-Kurztitelaufnahme der Deutschen Bibliothek

Troisgros, Jean:
[Die einfache große Küche]
Die einfache große Küche der Brüder Troisgros: 145 Orig.-Rezepte d. berühmten franz. Drei-Sterne-Köche / hrsg. von Klaus Besser. – Berlin, Frankfurt/M., Wien: Ullstein, 1978. –
Einheitssacht.: Cuisiniers à Roanne ⟨dt.⟩
ISBN 3-550-07788-2
NE: Troisgros, Pierre: